Mathilde Stolz

Herderbücherei

Band 922

D1857764

Über das Buch

Schwierigkeiten und Krisen gibt es in jedem Kinderleben. Die Entwicklung verläuft häufig nicht so gradlinig, wie man sich das wünscht. Plötzlich näßt das Kind wieder ein; Sprachstörungen treten auf; mangelnde Konzentration gefährdet die Schulleistung ... Solche Sorgen werden dem Autor täglich in seiner Arbeit als Klinischem Psychologen vorgetragen. Immer wieder bestätigt sich seine Erfahrung, daß dem Kind leichter zu helfen ist, wenn die Eltern als Mittherapeuten zu gewinnen sind. Das möchte er auch mit diesem Taschenbuch erreichen. Aufgrund seiner vielseitigen Erfahrung schildert er anschaulich die häufig auftretenden Entwicklungsprobleme und zeigt, wo die Ursachen dafür zu suchen sind. Sind diese einmal erkannt, dann fällt es Vater und Mutter leichter, ihrem Kind über die Schwierigkeiten hinwegzuhelfen. Wer Kinder zwischen 4 und 14 hat, sollte diesen praktischen Leitfaden zu Rate ziehen.

Über den Autor

Dr. Horst Schetelig, geboren 1948, Studium der Psychologie an den Universitäten Kiel und Köln. Klinischer Psychologe im Kinderzentrum München, außerdem freipraktizierend. Öffentlich bestellter und beeidigter Sachverständiger. Vorstandsmitglied der Deutschen Liga für das Kind und des Collegium Martinum Deutsche Familien- und Jugendstiftung. Neben zahlreichen Veröffentlichungen in Fachzeitschriften Vortrags- und Lehrtätigkeit.

Horst Schetelig

Kindernöte – verstehen und helfen

Ratschläge aus der Praxis eines Kinderpsychotherapeuten

Herderbücherei

Originalausgabe
erstmals veröffentlicht als Herder-Taschenbuch

Alle Rechte vorbehalten – Printed in Germany
© Verlag Herder Freiburg im Breisgau 1983
Herder Freiburg · Basel · Wien
Herstellung: Freiburger Graphische Betriebe 1984
ISBN 3-451-07922-4

MIT ULRIKE

Inhalt

Einführung 9

Scheiden tut weh 11
Mein Kind macht noch ins Bett 16
Die Einschulung des Kindes 23
Nach der Schule in den Hort? 32
Mein Kind kann sich nicht konzentrieren 37
Das Schreiben und das Lesen ist nie mein Fall gewesen . 46
Erziehung zur Friedensfähigkeit 51
Mein Kind ist so aggressiv 58
Großeltern, Tanten und andere „Miterzieher" 64
Die Droge im Wohnzimmer 70
Frühsexualisierung 76
Stottern ist nichts zum Lachen 81
Mit Behinderungen leben 90
Der Suppenkaspar 102
Die Väter sind ein Problem 109
Eltern sind die beste Medizin 115

Anschriften 120
Literatur 121

Einführung

Dieses Buch vertritt die Anliegen des Kindes.

Nicht wenige Eltern sind heute verunsichert und leiden an Problemen mit ihren Kindern. Daß die kindlichen Belange hinter den allgemein-gesellschaftlichen Entwicklungen häufig zurückstehen müssen bzw. eigene, persönliche Bedürfnisse der Erwachsenen nicht selten mit Vorrang erfüllt werden, ist wohl die Hauptursache für die zunehmend größer werdende Zahl von Verhaltensauffälligkeiten bei Kindern. Anhand einiger ausgewählter Symptome wird versucht, Zusammenhänge aufzuzeigen und Wege zu weisen, die helfen können.

Wenn dabei Änderungen im Verhalten auch von den Erwachsenen gefordert werden, so aus der Notwendigkeit heraus, daß Kinder auf die ihnen zuteil werdende Zuwendung angewiesen sind. Sie *sind* bedürftig, und es liegt an uns, ihnen bestmögliche Entwicklungschancen zu verschaffen.

Familie lebt von einem Miteinander und der Gemeinsamkeit. Dieses an sich Selbstverständliche geht in der Hetze des Alltags leider manchmal unter. Gerade deshalb aber gilt es für die Kinder und mit den Kindern zusammen auch immaterielle Werte zu leben. Eine zufriedene Ausgeglichenheit unserer Kinder wird die Mühe lohnen.

München, im Juli 1983 *Horst Schetelig*

Scheiden tut weh

Wenn mir als Gutachter in Sorgerechtsverfahren von Familienrichtern immer wieder neue Akten zur Stellungnahme ins Haus geschickt werden mit der Bitte, nach der besten Lösung für die betroffenen Kinder zu suchen, so stellt sich stets neu die Frage, ob sich dieses traurige Ende einer Familie nicht hätte vermeiden lassen. Die Kinder sind es vor allem, die Leid tragen, die betroffen sind von der Trennung und Scheidung ihrer Eltern. Sie leiden unter dem Verlust ihrer Familie, dem Fortgehen von Mutter oder Vater, gleichgültig ob sie nun zwei oder schon zwölf Jahre alt sind. Zwischen den zerstrittenen Eltern durch amtlich reglementierte Besuchsregelungen hin- und hergeschoben, können sie oft auch dann nicht zur Ruhe kommen, wenn das gerichtliche Scheidungs- und Sorgerechtsverfahren abgeschlossen ist: Die seelischen Wunden bleiben über Jahre. Das vordergründige Sichhineinschicken mancher Kinder in ihre unveränderbare Situation täuscht über ihre tiefe Verzweiflung und Trauer hinweg.

Nach der Reform des Ehescheidungsrechtes im Jahre 1977 war – verfahrensbedingt – die Anzahl der Ehescheidungen zunächst gesunken. Nicht erst 1982 wurde jedoch mit 118483 jährlich geschiedenen Ehen die bisherige Höchstzahl aus dem Jahre 1976 wieder übertroffen (91b). Und die Zahl der Scheidungen steigt weiter an …

„Kinder verlangen jedoch, daß die Eltern, die sie lieben sollen, miteinander einig sind“ (24, S. 18). Streit und zur Trennung führender Zwiespalt beraubt Kinder aber ihres Lebensraumes „Familie“, d.h. gerade der Umwelt, die am besten geeignet ist, die zahlreichen körperlichen und seelischen Bedürfnisse von Kindern dauerhaft zu befriedigen. Es ist ein Irrtum anzunehmen, daß Kinder den Zerfall ihrer Familie ohne jeden Schaden überstehen werden.

Wenn man eine Ehe eingeht, muß man damit rechnen, daß irgendwann einmal Krisen auftreten werden, Zeiten, in denen man am liebsten voreinander davonlaufen würde. Man kann solche Krisen – auch wenn sie schwer sind – jedoch gemeinsam positiv überstehen, ohne gleich zum Scheidungsrichter laufen zu müssen. Auch wenn die Eltern sich streiten und einander nicht mehr zu verstehen meinen, sollte man – im Interesse der Kinder – doch nicht so leichtfertig wegen einer möglicherweise vorübergehenden Krise die eingegangene Verpflichtung der Ehe über Bord werfen und die Verantwortung für die Zukunft seiner Kinder geringer achten als die eigene Lebensgestaltung.

Jeder gerichtliche Scheidungstermin hat ja eine Vorgeschichte, im Verlauf derer einer der Ehepartner vielleicht meinte, sein eigenes Leben besser außerhalb dieser Ehe oder in einer anderen Lebensgemeinschaft verwirklichen zu können. Oft erscheint der Weg der Trennung dann leichter, als gemeinsam nach Möglichkeiten zu suchen, den bedrohlich schief hängenden Haussegen wieder ins Lot zu bringen.

Da der Mensch ohnehin leicht dazu neigt, vom anderen mehr als von sich selbst zu verlangen, ist es gerade in krisenhaften Situationen schwierig, mit der Suche nach Fehlern und Ursachen bei sich selbst zuerst zu beginnen. Doch ist dies ein Hoffnung verheißender Schritt zueinander, zum gegenseitigen neuen Verständnis.

Den Mut zu haben, sich eine Blöße zu geben, einzugestehen, daß dieses oder jenes aus Eigennutz, um dem anderen wehzutun oder auch aus Unüberlegtheit geschah, um Verzeihung zu bitten und damit die Bereitschaft zu signalisieren, trotz aller Schwierigkeiten auch weiterhin miteinander leben zu wollen, führt aus Rechthaberei und gegenseitiger, ichbezogener Rechtfertigung zum gemeinsamen, den anderen verstehenden Gespräch.

Wenngleich es die unbestreitbare Notwendigkeit geben kann, eine Ehe zu beenden, ist immer zu überlegen, ob diese letzte Möglichkeit aus Rücksicht auf die Kinder nicht durch gegenseitiges Bemühen vermieden werden kann. Denn eine Scheidung bedeutet für ein Kind nicht nur den Verlust von Vater oder Mutter, sondern häufig de facto den Verlust beider Eltern, wenn die zum Lebensunterhalt notwendige Berufstätigkeit des allein lebenden Elternteils es erfordert, das Kind während dieser Zeit von fremden Personen betreuen zu lassen. So begründete es z. B. eine Mutter, die sich von ihrem Mann getrennt und die Kinder mitgenommen hatte, mit finanziellen Ansprüchen, daß ihre zwei und drei Jahre alten Kinder nun in einer Krippe untergebracht wurden, obwohl sich auch die Großeltern angeboten hatten, ihre Enkel zu betreuen. Andererseits beantragen manche Väter auch nur deswegen das Sorgerecht für sich, um keine Unterhaltszahlungen leisten zu müssen. So rechtfertigte ein Vater die Absicht, seinen Sohn in ein Internat zu geben, für den Fall, daß er sorgeberechtigt würde, damit daß die Internatskosten geringer seien als die sonst an seine geschiedene Frau zu leistenden Unterhaltszahlungen. Wenn man schon meint, aus der Ehe aussteigen zu müssen, dann aber bitte nicht zu Lasten der Kinder! Ein derartiger Egoismus heißt verantwortungslos handeln und die Entwicklung der Kinder aufs Spiel setzen.

Das Trauma der Trennung richtet umso größere Schäden in der Entwicklung von Kindern an, je länger die sie ängstigenden Verhältnisse andauern, wie z. B. fortdauender Streit der Eltern, nachfolgende Wechselbetreuung, ganztägiger Kindergartenbesuch oder eine Hortunterbringung. Die Angst, von dem übrigbleibenden Elternteil vielleicht auch noch verlassen zu werden, kann durch eine tatsächliche Unterbringung außer Haus dann weiter verstärkt werden. Je nach Alter der Kinder zum Zeitpunkt der Trennung muß mit einer mehr oder weniger ausgeprägten seelischen Beunruhigung bis hin zur neurotischen Entwicklung gerechnet werden.

Gerichtlich vereinbarte Besuchsregelungen, denen zufolge Kinder regelmäßig die Wochenenden in den getrennten Wohnungen von Vater oder Mutter zubringen sollen, erleichtern in der Regel keineswegs eine Beendigung des früheren Spannungzustandes. Vielmehr sind Auseinandersetzungen der früheren Ehepartner mit der gerichtlichen Verkündung der Scheidung meist keineswegs beendet, sondern gegenseitige Haß- und Rachegefühle werden dem Kind als einzigem Boten zwischen den Eltern oft noch mit auf den Weg gegeben.

Ein Kind muß nach der Trennung seiner Eltern aber auch irgendwo zur Ruhe kommen können. Zu häufig angestrebte Besuche beim nichtsorgeberechtigten Elternteil dienen manchmal eher dem Eigennutz der Erwachsenen, insbesondere wenn das Kind gegen seinen Willen zu diesen Besuchen genötigt oder bewußt gegen den anderen Elternteil negativ beeinflußt wird. Hinweise für eine einvernehmliche Gestaltung der Besuchsregelung finden sich in den Ratgebern: „Die Ehescheidung und das Kind" (42) und „Besuch vom eigenen Kind" (12a).

Vorschnell begonnene neue Ersatzbeziehungen von Mutter oder Vater – oft wartet der neue Partner schon vor der Tür des Gerichtssaales – erleichtern den Kindern ebenfalls nicht die Verarbeitung des erlittenen Verlustes. Insbesondere die von den Erwachsenen zunächst angestrebte Unverbindlichkeit im Zusammenleben mit dem neuen Partner, die aufgrund des erfahrenen Scheiterns der Ehe so praktiziert wird, bringt den Kindern keinen von ihnen akzeptierten Vater- oder Mutterersatz, sondern lediglich einen um Vertrauen werbenden Freund. Dieser wird vielleicht als größerer Spielgefährte, nur selten aber auch als Autorität bejaht. Die Suche der Kinder nach Orientierung wird dann vollends unmöglich für sie, wenn häufig wechselnde Probepartner zur Begutachtung mit nach Hause gebracht werden. Man muß sich dann nicht wundern, wenn die Kinder später mit ihren eigenen Freundschaften ebenso beziehungslos und unverbindlich umgehen. Wissenschaftliche Studien haben sogar ergeben, daß leider die spätere eigene Ehe solcher Kinder mit größerer Wahrscheinlichkeit ebenfalls scheitern wird: „Personen, die in der Kindheit den Ausfall von Personen aus dem Familienverband erlebt haben, wählen später solche Personen als Partner, von denen sie wieder verlassen werden oder die sie leicht verlassen können" (39, S. 81). Verwahrloste und kriminelle Kinder und Jugendliche stammen zum großen Teil aus zerrütteten und geschiedenen Ehen (101).

Vielleicht sollte man auch an diese Dinge denken, wenn offenbar kein anderer Weg als die Scheidung aus der Krise herauszuführen scheint. Für die Kinder – auch wenn ständiger häuslicher Streit ihrer Entwicklung ebenfalls abträglich ist – beginnt dann oft erst eine Zeit noch größerer Unruhe und seelischer Belastungen. Sie erfahren, daß auf diejenigen, auf die sie sich zu allererst sollten verlassen können, offenbar kein Verlaß mehr ist, daß es riskant ist, einem anderen Menschen vorbehaltlos zu vertrauen, daß eine eingegangene Bindung, wenn es darauf ankommt, doch nicht hält.

Schwierige Zeiten wird es in allen Partnerschaften hin und wieder geben. Auch nicht immer wird man alle Probleme allein lösen können. Doch es gibt gute Therapeuten, die konstruktiv weiterhelfen können. Eine Krise beinhaltet immer auch den Sinn und die Hoffnung, daß man hinsichtlich eigener, persönlicher Schwierigkeiten etwas lernen möge. Sie beinhaltet die Hoffnung, reifer aus ihr herauszugehen und den Sinn und die Verantwortung des eigenen Lebens ein wenig mehr zu verstehen und akzeptieren zu können. Gerade in der Elternschaft sind wir ja doch Beauftragte, unsere Kinder zu eigener Reife und verantwortungsvollem Handeln zu führen und zu begleiten.

Kinder brauchen ihre Eltern nicht nur dringlich in den ersten Lebensjahren, sondern über die Pubertät hinaus bis ins Erwachsenenalter. Früh genug werden sie auf sich allein gestellt sein und in eigener Verantwortung handeln müssen. Dies wird ihnen leichter fallen, wenn sie erfahren konnten, daß Probleme in der Familie kein Grund waren, voreinander davonzulaufen, sondern daß diese gemeinsam miteinander besprochen und gelöst werden konnten.

Mein Kind macht noch ins Bett

„Jede Nacht macht Anita noch ins Bett. Und nun ist sie schon sechs Jahre alt und soll im Herbst in die Schule. Das muß doch jetzt endlich einmal aufhören. Außerdem kommt sie nachts immer noch zu meinem Mann und mir ins Bett. Sie kuschelt sich dann so eng an mich an, daß ich mich kaum noch rühren kann. Ich versuche schon meistens, sie wieder zurück in ihr eigenes Bett zu schicken. Aber manchmal merke ich es gar nicht, oder ich bin einfach zu müde. Gibt es da nicht irgendwelche Tabletten?"

In allzu unerschütterlichem Glauben an die Heilmacht von Pillen haben wir es uns häufig leichtfertig abgewöhnt, danach zu fragen, warum eigentlich der Körper oder die Seele unseres Kindes mit diesem oder jenem Symptom reagiert, gleichsam Alarm schlägt, daß irgend etwas nicht in Ordnung ist. Dabei ist gerade das nächtliche Einnässen nicht nur ein sehr häufiges Symptom im Kindesalter, sondern oft auch ein erstes Warnsignal, daß ein Kind in seiner seelischen Entwicklung verstört ist.

Selbstverständlich gibt es auch allein körperliche Ursachen, die ein Einnässen hervorrufen können, und in jedem Fall ist es daher sinnvoll, den Kinderarzt möglichst frühzeitig um Rat zu fragen. Da man jedoch bei 95% der Kinder keine organischen Ursachen findet (26), sollte das Kind in der Regel auch nicht durch allzu viele überflüssige medizinische Untersuchungen zusätzlich irritiert werden. Wenn der Kinderarzt also nichts findet, woran kann es dann liegen?

Was könnte es sein, wodurch unser Kind so beunruhigt ist, daß es nachts ins Bett macht? sollten sich auch die Eltern von

Anita fragen, wenn sie dann zur weiteren Abklärung einen Diplom-Psychologen aufsuchen. Denn irgend etwas muß es ja sein, was Anita auf die Blase geschlagen ist. Zwei Beobachtungen helfen bei der Suche nach den Ursachen weiter:

Normalerweise wachen Erwachsene und auch Kinder nachts auf, wenn die Blase so weit gefüllt ist, daß sie nicht mehr Flüssigkeit aufnehmen kann. Dieser Weckreiz wird den einnässenden Kindern jedoch nicht bewußt. Sie schlafen weiter, oft sogar besonders tief. Erst wenn sie dann im Schlaf einnässen, wachen einige Kinder davon auf, aber dann ist das „Unglück" schon passiert. Weinend stehen dann manche Kinder nachts vor ihrem Bett oder dem ihrer Eltern, enttäuscht und verzweifelt, daß es wieder einmal „danebengegangen" ist. Wenn dann noch geschimpft wird, wird am nächsten Abend das Kind mit nur noch größerer Angst ins Bett gehen: Angst vor dem Einschlafen, weil es doch gar nicht merkt, wann es ins Bett macht.

Kein Kind näßt absichtlich während des Schlafes ein, auch wenn einige Eltern sich das Geschehen mitunter nicht anders erklären können als mit der Absicht ihres Kindes, sie ärgern zu wollen.

Gerade weil das Einnässen unbewußt – nachts ja während des Schlafes(!) – geschieht, muß man eine diesbezüglich den Kindern unterstellte böse Absicht als unberechtigt zurückweisen. Anita leidet doch selbst unter dem Einnässen!

Die zweite Beobachtung ist, daß nächtliches Einnässen durchaus unabhängig von der am Nachmittag oder Abend aufgenommenen Flüssigkeitsmenge auftritt. Es hilft also nichts, das Kind am Abend „auszutrocknen", indem man ihm ab 16 oder 17 Uhr nichts mehr zu trinken gibt. Offenbar steht das Einnässen in keinem direkten Zusammenhang mit der Flüssigkeitsmenge in der Blase. Denn Kinder nässen auch ein, wenn sie abends wenig getrunken haben, und auch, wenn sie vor dem Schlafengehen noch zur Toilette gehen. Andererseits kann sich ein allgemeiner Unruhe- und Spannungszustand des Kindes auch auf die Entspanntheit bzw. Angespanntheit der Blase übertragen. Dies bewirkt, daß ein erhöhter Spannungszustand der Blasenwand selbst dann zu einer Entleerung der

Blase führt, wenn diese nur teilweise gefüllt ist. Dadurch wiederum kann sie weniger Flüssigkeit speichern, und es kommt zum nächtlichen Einnässen.

Hieraus erklärt sich, daß Schimpfen oder andere, drakonischere Strafmaßnahmen nicht nur nichts helfen, sondern damit die Angst, Unruhe und damit das Leiden des Kindes nur noch verstärken. Selbstverständlich ist keine Hausfrau darüber erfreut, täglich immer wieder neu das Bett zu beziehen und zu waschen. Eine Heilung der Krankheit des Kindes wird aber erst recht nicht erreicht, wenn man das Kind „als gerechte Strafe" regelmäßig Bett- und Nachtzeug auswaschen läßt, wie es gelegentlich noch gehandhabt wird. Dies sind untaugliche Versuche, sie führen nicht zur Besserung.

Ebenso wenig hilft es, wenn das nachtschlafende Kind regelmäßig ein- oder mehrmals vor oder nach Mitternacht zur Toilette getragen wird. Dadurch wird das Einnässen im Schlaf sogar eher noch gefördert. Denn in der Regel wird das so zur Toilette getragene Kind nicht richtig wach, verrichtet aber dort wie gewünscht sein Geschäft. Dadurch „lernt" es nur, daß es gar nicht aufzuwachen braucht, um seine Blase zu entleeren, da dies doch auch „im Schlaf" gut möglich ist. Was aber ist dann zu tun?

Noch immer wissen wir nicht, warum Anita eigentlich einnäßt. Wodurch könnte sie beunruhigt sein, wenn sich Unruhe, Spannung und Angst in der Ursachenforschung so häufig als verursachende Faktoren herausgestellt haben?

Im Gespräch mit der Mutter fanden sich zwei Verursachungsmomente. Zum einen war Anita in der Säuglingszeit viel allein gewesen; die Versorgung der pflegebedürftigen Großmutter im Haus hatte es damals mit sich gebracht, daß beide Eltern dieser relativ viel Zeit widmeten und gar nicht daran dachten, daß es Anita möglicherweise an irgend etwas gefehlt hätte. Im Sommer habe sie viel im Kinderwagen an der frischen Luft allein im Garten gelegen und pünktlich zu den im Ernährungsplan angegebenen Zeiten sei sie gefüttert und gewickelt worden. Anita habe dann zwar häufig bereits geschrien, wenn ihre Mutter sie wieder aus dem Garten hereinholte; der Kinderarzt habe damals aber gemeint, das brauchten die Kinder. Scherzhaft habe auch der Vater Anita manchmal als „meine kleine Indianerin" bezeichnet, wenn sie vor lauter Brüllen dann rot wie eine Rothaut gewesen sei. Die Mutter hätte ihr damals oft auch schon lieber eher etwas gegeben, meinte aber dann doch, sich im Interesse des Kindes an die Ernährungsvorschriften halten zu müssen.

Als Anita dann herumkrabbelte und später allein laufen konnte, war den Eltern aufgefallen, daß sie im Spiel schon bei geringen Schwierigkeiten leicht resigniert und mutlos geworden sei, wenn zum Gelingen etwas mehr Ausdauer erforderlich gewesen wäre. Sie hätten diesem Verhalten jedoch nicht allzuviel Bedeutung beigemessen und gemeint, daß sich das mit der Zeit schon geben werde.

Bei vielen einnässenden Kindern findet sich eine solche oder ähnliche frühkindliche Beunruhigung, die leicht übersehen werden kann und an die sich Eltern auch nicht immer sogleich erinnern können. Es ist dies aber die Grundlage für eine leicht resignative Einstellung der Kinder, die sich auch nicht immer sogleich in einem Symptom äußern muß. Erst wenn weitere, für das Kind belastende Faktoren hinzutreten, kommt es zu einem Rückfall auf eine frühere Entwicklungsstufe, lassen Kinder mutlos „alles laufen" oder werden gar nicht erst trocken.

„Vielleicht", erinnert sich Anitas Mutter, „hätte ich mich nach der Geburt ihres Bruders auch weiterhin mehr um sie kümmern müssen. Aber ich hatte damals so viel mit dem Neugeborenen zu tun, daß ich froh war, wenn sie sich allein beschäftigte. Außerdem war ich der Meinung, daß sie damals mit ihren knapp vier Jahren meine Anwesenheit und Hilfe nicht mehr so sehr brauchte. Vielleicht habe ich ihr dann und wann auch etwas zu viel an Selbständigkeit zugemutet und sie damit überfordert?"

Solche *auslösenden Anlässe* für ein Symptom können bereits einen Teil der Ursachen, der Frage nach dem „Warum" erklären, wenngleich dies allein oft noch keine befriedigende Erklärung für die seelische Störung des Kindes abgibt. Viele Kinder bekommen Geschwister, ohne daß sie deswegen wieder ins Bett machen oder eine andere Symptomatik entwickeln. Für

Anita bedeutete die Geburt des Bruders aber, daß die negativen Erfahrungen des Alleingelassenwerdens der ersten Lebenszeit neu belebt wurden: Die Mutter hatte – genau wie in der ersten Lebenszeit – wiederum weniger Zeit für sie!

Aus dem Blickwinkel von Anita bedeutete dies, daß sie plötzlich nicht nur die Zuneigung und Liebe der Mutter mit einem Geschwister teilen mußte, sondern daß sie die im Grunde gut gemeinten Bestrebungen der Mutter, Anita mehr allein spielen zu lassen, so empfand, daß ihre Mutter sich mit dem Neugeborenen mehr beschäftigte als mit ihr und sie sich damit zurückgesetzt fühlte!

Zurückgesetzt, alleingelassen oder nicht genügend beachtet fühlen sich viele einnässende Kinder, wobei dieses Empfinden immer aber von der subjektiven Seite des Kindes verstanden werden will. Jedes Kind braucht ein anderes Maß an Zuwendung, Zeit und Zärtlichkeit, und es kann daher durchaus ungerecht sein, wenn alle Kinder „gleich“ behandelt werden. Anita braucht offenbar ihre Mutter noch mehr, als es diese momentan annimmt. Bettnässende Kinder benötigen häufig mehr Zeit und Zuwendung als ihre Eltern vermuten. Selbst wenn Eltern bettnässender Kinder meinen, sich bereits ausreichend ihrem Kind zu widmen, kann das – subjektiv aus der Sichtweise des Kindes – dennoch zu wenig sein. Und diese subjektive Sicht des Kindes schließlich entscheidet über sein Empfinden, ausreichend geliebt zu werden oder das Gefühl zu haben, zu kurz zu kommen.

Vielleicht fragen Sie einmal Ihr Kind, was es denn gerne mit Ihnen zusammen am Nachmittag oder Wochenende noch unternehmen würde. Stellt man Kindern in der Sprechstunde diese Frage, heißt es leider oft: „Meine Eltern haben sowieso keine Zeit. Spielen tun wir höchstens am Wochenende, und auch da sieht Papi meistens fern oder liest Zeitung.“

Als „Weinen mit der Blase“ bezeichnen einige Wissenschaftler auch das Symptom des Einnässens. Vielleicht „weinen“ die Kinder im übertragenen Sinne deshalb, weil Vater oder Mutter zu wenig Zeit für sie hatten oder haben, zu viel schimpfen oder aber ständig überarbeitet und überreizt sind? Vielleicht geben auch „atmosphärische Störungen“ (33) innerhalb der Familie

– zu häufige Disharmonien und Unzufriedenheit – einen Anlaß, so zu reagieren?

Ungewollt setzen Eltern ihre einnässenden Kinder – besonders wenn dies auch am Tage auftritt – zusätzlich unter Druck, wenn sie durch häufiges, mahnendes Zur-Toilette-Schicken glauben, einem „Malheur“ vorbeugen zu können. Man sollte sich selbst jedoch hinterfragen, ob die damit verbundene Forderung an das Kind nicht Ausdruck einer auch in anderen Bereichen anzutreffenden, überfordernden Leistungsorientierung und Ehrgeizhaltung ist. Vielleicht protestiert Anita unbewußt gegen die erwartete, ihrer seelischen Entwicklung aber noch nicht gemäße Selbständigkeit mit einer „Leistungsverweigerung“ des Sauberwerdens.

Wie aber sollen die Eltern sich verhalten? Sehr richtig hatten sie nach dem Kinderarzt einen Diplom-Psychologen aufgesucht, um nicht durch laienhafte – vielleicht die Sache nur noch verschlimmernde – eigene Therapieversuche das Leiden chronisch werden zu lassen. Gemeinsam mit dem Fachmann hatten sie dann noch einmal die bisherige Entwicklung von Anita durchgesprochen und erleichtert festgestellt, daß die Aussicht auf Heilung gar nicht so fern lag. Erfreut waren sie auch, daß im Fall von Anita der Diplom-Psychologe – nach einer sorgfältigen diagnostischen Untersuchung – eine langwierige Therapie bei Anita für nicht unbedingt erforderlich hielt, sondern die Behandlung in Form einer in Abständen mit den Eltern durchgeführten Beratung möglich war.

An erster Stelle der gemeinsamen Überlegungen stand die Frage, wie innerhalb der familiären Tagesplanung ein Elternteil mehr Zeit zur gezielten und *alleinigen* Beschäftigung mit Anita erübrigen könne. Die Mutter kam auf die Idee, sich während des Nachmittagsschlafes des Bruders Anita mehr widmen zu wollen. Und auch der Vater wollte versuchen, abends regelmäßiger aus dem Geschäft etwas eher nach Hause zu kommen und ihr wenigstens noch täglich eine „Gutenachtgeschichte“ am Bett vorzulesen.

Die Regelmäßigkeit der Zuwendung für Anita in der Zweiersituation ist vor allem entscheidend. Damit sie wieder das Gefühl bekommt: „Ich bin nicht vergessen. Vati und Mutti haben auch für mich Zeit, Mutti und Vati haben mich lieb!" Vor allem aber wurde verboten, Anita wegen des Einnässens auszuschimpfen oder sie deswegen anderweitig zu strafen. Auch durfte sie, wenn sie des Nachts zu ihren Eltern ins Bett gekrochen kam, durchaus dort weiterschlafen, da sie diese Nähe offenbar noch brauchte und sich dort geborgener fühlte als in ihrem eigenen Bett. Wenn am anderen Morgen das Bett naß war, trösteten ihre Eltern sie und vermittelten ihr Hoffnung und Zuversicht, daß diese dumme Sache vermutlich bald längst vergessen sein werde.

Als nach einigen Wochen zum ersten Mal nach langer Zeit das Bett trocken blieb, wurde beinahe ein kleines Familienfest gefeiert über diesen großartigen Erfolg. Es machte nichts, daß es einige Tage später wieder einen Rückfall gab. Die „trockenen Nächte" überwogen aber allmählich in der Anzahl, bis Anita nach einem Vierteljahr glückstrahlend berichten konnte, daß sie nun schon zwei Wochen lang ununterbrochen ein trokkenes Bett gehabt habe.

Da die Eltern sich weiterhin regelmäßig auch allein mit ihr beschäftigten, hatte sie es schließlich auch nicht mehr nötig, sich nachts bei ihren Eltern anzukuscheln. Sie schlief in ihrem eigenen Bett allein durch.

Bei allen therapeutischen Vorsehensweisen ist es jedoch notwendig, daß auch nach einer Heilung des Symptoms die für das Kind als notwendig erachtete zusätzliche Beschäftigung mit ihm beibehalten wird! Im Interesse der uns anvertrauten seelischen Harmonie und Ausgeglichenheit unseres Kindes sollte man nicht riskieren, durch Nachlässigkeit im Alltag den mühsam errungenen Erfolg wieder leichtfertig aufs Spiel zu setzen.

Die Einschulung des Kindes

Befragt man Kinder im Vorschulalter, ob sie gerne in die Schule gehen oder lieber noch länger im Kindergarten bleiben möchten, erfährt man fast immer, daß sie sich sehr auf die Schule freuen: „Schule ist schön", heißt es zu diesem Zeitpunkt noch, ganz im Gegensatz zu den ganz anders klingenden Äußerungen einige Jahre später. So zog zum Beispiel ein Schüler nach drei Jahren Schulbesuch Bilanz: „Ich hab' mich schon gefreut, daß man da ganz gescheit wird, aber daß man da so schuften muß, das hab' ich nicht gedacht, sonst wär' ich nicht in die Schule gegangen" (9, S. 46).

Die Hoffnung, schon bald ein bißchen erwachsener zu sein, verknüpft mit den neuen Statussymbolen von Schultüte, Schulranzen und Federmäppchen, überlagert evtl. vorhandene Gefühle der Unsicherheit und Ängstlichkeit – besonders wenn der erste Schultag von der ganzen Familie als neuer Lebensabschnitt und „Schritt ins Leben" gefeiert wird.

Zu einer Belastung kann es für Kinder werden, wenn ihre Eltern bereits in diesem Alter zu hohe Leistungserwartungen haben und meinen, Spielen habe nun in den Hintergrund zu treten; Lernen, Ordnung und die Vorbereitung auf den späteren Konkurrenzkampf im Berufsleben stehe jetzt im Mittelpunkt. Der Wettlauf um den Numerus clausus beginnt für diese Kinder bereits mit der ersten Unterrichtsstunde.

Die Schulreife zum Zeitpunkt der regulären Einschulung hängt – abgesehen von der besonderen Situation von körperlich und geistig behinderten Kindern – ganz wesentlich von der Vorerfahrung eines Kindes während der ersten sechs Jahre in der Familie ab. Dabei ist besonders das geistige und emotionale Klima innerhalb der Familie entscheidend – und natürlich, daß seine Eltern auch genügend Zeit für es hatten. „Spürt das so absolut hilflose Kind, daß es einem anderen Menschen etwas bedeutet, daß die Mutter es bejaht, daß sie ihm seine Lebensbedürfnisse zuverlässig und liebevoll erfüllt, dann ist die Aussicht, daß es eine ausgeglichene Gemütshaltung gewinnt, und daß es mit einem Gefühl der Sicherheit in der Welt lebt groß. Auf dieser Grundlage aber nur entsteht der Mut zum geistigen Hinauslangen und die Geduld zum hingebenden Einsatz für einen Erfolg in der Auseinandersetzung mit Aufgaben, mögen auch die objektiven Leistungen von dem Maß der Anlagen mit abhängen. Mangel an Geborgenheit läßt nicht die seelische Ausgeglichenheit und nicht den Mut aufkommen, der Welt in Aufgeschlossenheit zu begegnen und sich vertrauensvoll nach ihren Anforderungen zu richten". „Es stellte sich heraus, daß die Lernfähigkeit eines Kindes um so größer war, je enger und besser die Mutter-Kind-Beziehung war" (62, S. 47). Die Bedeutung des geborgenen Heranwachsens und der „entscheidenden ersten Lebensjahre" (80) wurde in vielen Untersuchungen immer wieder bestätigt. 50% der vor dem Einschulungstermin untersuchten Kinder zeigten Auffälligkeiten im sozial-emotionalen Bereich (36)!

Eltern, die bei ihren eigenen Kindern mit derartigen Problemen konfrontiert werden, versuchen oft, den drohenden und sich ankündigenden Schulproblemen durch eine frühe Kindergarten- und Vorschulerziehung auszuweichen. Es muß jedoch bezweifelt werden, ob es richtig ist, *alle* Kinder frühzeitig und evtl. auch ganztägig in diese Einrichtungen zu schicken, nur weil *einige* Kinder diese Hilfe brauchen.

Zunehmend mehr Kinder werden dennoch bereits im Alter von zweieinhalb und drei Jahren mit der elterlichen Erwartung in den Kindergarten geschickt, daß dort ihre soziale und intellektuelle Entwicklung optimal gefördert werde. Zwar werden Kinder mit zunehmendem Alter unempfindlicher gegenüber einer Trennung von ihren Eltern; bis zum Alter von fünf Jahren bleiben sie in dieser Hinsicht jedoch verwundbar und werden erst dann allmählich robuster. Auch wenn Befürworter von Tagesstätten und frühen Vorschuleinrichtungen negative

Auswirkungen einer zu frühen Mutterentbehrung bezweifeln (31), bekommt diese frühe Institutionalisierung den Kindern trotzdem nicht.

Die gelegentlich angestrebten möglichst zahlreichen Bekanntschaften sind bei zu früher Beschulung häufig nur oberflächlich, sagen nichts aus über das Ausmaß an Anteil- und Rücksichtnahme gegenüber anderen. Bindungslose Geselligkeit hat auch nichts gemein mit echter sozialer Reife. Sich in eine Gruppe einordnen zu lernen und eigene egoistische Vorstellungen in Frage zu stellen – womit eine frühe Kindergarten- und Vorschulerziehung häufig begründet wird – können Kinder ebenso gut mit zwei oder drei Spielkameraden aus der Nachbarschaft einüben. Insbesondere ängstliche und sensible Kinder werden auf diese Weise nicht plötzlich der Überforderung einer großen Gruppe ausgesetzt. Die Notwendigkeit, sich auch in einer Gruppe einfügen zu lernen, sollte die Individualität eines Kindes nicht beeinträchtigen und seiner seelischen Entwicklung angemessen sein.

Kinder lernen schwerer, wenn sie fürchten zu versagen; und diese Angst zu versagen kann häufig in der Gruppe größer und auch berechtigter sein. Auch meinen Erzieher in der Gruppensituation meist schon gerecht zu sein, wenn sie alle Kinder gleich behandeln. Das kleinere, aber auch das schwächere Kind braucht jedoch noch mehr Bestätigung und mehr Erfolgserlebnisse als dies gerechterweise in einer Gruppensituation möglich ist. Daher können sich auch die besten Vorschuleinrichtungen hinsichtlich einer individuellen und spezifischen Anregung eines Kindes nicht mit einem guten Elternhaus messen. Der beste Ort für eine Förderung gesunder Kinder im vorschulischen Bereich ist daher eine gesunde Familie.

Auch wissenschaftliche Untersuchungen haben inzwischen die Bedeutung der Familie zur Förderung des Kindes auch im vorschulischen Bereich hervorgehoben und andererseits den Optimismus hinsichtlich der Wirksamkeit vorschulischer Einrichtungen gedämpft. Demnach ist der Einfluß des Elternhauses wesentlich wichtiger und prägender als alle noch so guten vorschulischen Einrichtungen! Die Wirkungsmöglichkeiten von Vorklassen und Kindergärten sei überschätzt worden, und es müsse nun ein Umdenken erfolgen: Das Wichtigste sei, daß die Eltern Zeit hätten für die Erziehung (36)!

Daß Kindergärten oder Vorschuleinrichtungen kein Allheilmittel sind, um unterschiedliche Anlagen und Anregungen durch die Umwelt auszugleichen, zeigen auch Statistiken, nach denen etwa jeweils zehn bis zwölf Prozent eines Jahrganges zum Zeitpunkt der gesetzlich festgesetzten Einschulung nicht schulfähig sind. Diese Kinder, die schon den Anforderungen des ersten Schuljahres nicht hinreichend gerecht werden können, lassen sich dabei in zwei Gruppen unterteilen:

1. sind es Kinder mit der Aussicht, nach entsprechender Förderung ein Jahr später schulfähig zu sein, und
2. handelt es sich um Kinder, bei denen auch in der Folgezeit trotz entsprechender Förderung eine Normalschulfähigkeit nicht erwartet werden kann. Der Anteil dieser lern-, geistig- oder körperbehinderten Kinder beträgt etwa acht Prozent eines jeweiligen Geburtenjahrganges.

Zum Zeitpunkt der Zurückstellung lassen sich aufhebbare Entwicklungsdefizite und bleibende Rückstände jedoch nicht immer voneinander unterscheiden bzw. unterbleibt häufig – außer der Einschulungsuntersuchung – eine weiterführende psychologische und kinderärztliche Untersuchung, wodurch allein eine genaue Diagnose möglich wäre. Immer dann, wenn im Rahmen der üblichen Einschulungsuntersuchung Fragen und Unklarheiten auftauchen, sollte auf jeden Fall eine genauere Abklärung beim Kinderarzt *und* Diplom-Psychologen durchgeführt werden, um möglichst frühzeitig die für das Kind richtige Entscheidung zu fällen. Die für das Kind richtige Entscheidung kann auch eine Sonderbeschulung sein, um nicht wertvolle Jahre durch unnötiges Abwarten zu vertun.

Ein späteres Schulversagen kann zurückgestellten Kindern auch durch den Besuch eines Schulkindergartens nur zu 50 Prozent erspart werden. Der Anteil der Sitzenbleiber am Ende der zweijährigen Eingangsstufe beträgt etwa fünf bis sechs Prozent eines jeden Schülerjahrganges. Umso wichtiger ist eine genaue Untersuchung des Kindes *vor* der Einschulung.

Peters Vater – dem geraten worden war, noch ein Jahr mit

der Einschulung seines Sohnes zu warten – meinte, man könne den Jungen ja aus der Schule wieder herausnehmen, falls der Schulversuch tatsächlich fehlschlagen sollte. Er übersieht damit jedoch, welche negativen und belastenden Auswirkungen diese öffentliche Dokumentation, versagt zu haben, für Peter haben kann. Gehänselt und von den Kindern seiner früheren Klasse ausgelacht, ist die Freude am Schulbesuch – auch bei einem späteren „zweiten Anlauf" – erst einmal dahin. Man tut seinem Kind keinen Gefallen, wenn man ihm schon bei Schulbeginn mehr abverlangt, als es zu leisten vermag, und ihm aus Prestigegründen eine zu frühe Einschulung zumutet.

Kein Kind kann die von ihm geforderte Leistung erbringen, solange es nicht die nötige Bereitschaft zum Lernen besitzt. Diese Bereitschaft ist keineswegs nur von der Laune eines Kindes abhängig, sondern – außer von der seelischen Gesundheit – vor allem auch vom Stadium der Gehirn- und Sinnesentwicklung. Auch eine festgestellte gute oder überdurchschnittliche Intelligenz sollte nicht zu einer verfrühten Einschulung des Kindes verleiten: Man hat beobachtet, daß zu früh eingeschulte Kinder – trotz ausreichender Intelligenz – im Vergleich zu später eingeschulten durch alle Klassen hindurch schlechtere Leistungen zeigten (63) oder aber auch bei guten Leistungen Leistungsängste entwickelten. Diese Ergebnisse widersprechen vor allem auch den Verheißungen, daß durch Frühleseprogramme eine Steigerung der Intelligenz erreicht werden könne. Zwar ist es richtig, daß noch nicht schulpflichtige Kinder auch lesen lernen können, doch wurde durch frühes Lesen die Intelligenz der Kinder *nicht* gefördert (62).

Emotionale Mangelergebnisse in den ersten Lebensjahren können ebenfalls einen erfolgreichen Schulbesuch gefährden: Durch emotionale Defizite behindert, kann das Kind sein mögliches Leistungspotential nicht ausnutzen. Diese Kinder, die wegen ihrer guten Intelligenz fälschlicherweise dann doch eingeschult wurden, sieht man häufig bald darauf in der Sprechstunde mit psychischen Auffälligkeiten: Motorische Unruhe, Konzentrationsschwäche oder aggressives Verhalten weisen nur allzu deutlich auf die Überforderungssituation hin, der das Kind in der Schule ausgesetzt ist – und dies trotz seiner ausreichenden Intelligenz.

Eltern beantworten ein Leistungsversagen oder einen unbewußten Leistungsprotest aufgrund von Überforderung ihres Kindes – lange bevor sie irgendwo sonst fachliche Hilfe holen – leider allzu oft mit verstärktem Druck: „Das ist alles nur Faulheit", heißt es vorschnell mit dem angeblich bestätigenden Hinweis auf den Intelligenzquotienten. Also wird geübt. Es ist erschreckend, wieviele Eltern sich schon in der ersten Klasse genötigt sehen, sich tagtäglich am Nachmittag nicht nur durch die Schularbeiten zu quälen, sondern darüber hinaus auch noch meinen, mindestens eine Stunde jeden Tag mit ihrem Kind zusätzlich üben zu müssen. In der Regel sieht das dann so aus, daß gemeinsame und angenehme Aktivitäten zwischen Eltern und Kind am Nachmittag durch den enormen Zeitaufwand blockiert werden und das Eltern-Kind-Verhältnis durch eine sich auch auf andere Bereiche übertragende Forderungs- und Erwartungshaltung belastet wird. Eltern werden dabei allerdings zum Teil auch von der Schule gerne in die Funktion von Hilfslehrern genötigt, wodurch nicht nur die Beziehung zur Mutter, sondern auch zum Vater belastet werden kann: Seine Heimkunft am Abend wird vom Kind dann nur noch mit gemischten Gefühlen erwartet, wenn auch er als „Oberkontrolleur" vermutlich wieder einmal nicht zufrieden sein wird.

So war der siebenjährige Peter schon ein Jahr nach der Einschulung von seiner Mutter in der Sprechstunde wegen Aggressivität zu Hause und in der Schule vorgestellt worden. Peter blieb im Klassenraum nicht an seinem Platz, rannte umher, nahm anderen Kindern Dinge weg und zog sie an den Haaren. Auch die Lehrerin zeigte sich diesem Verhalten gegenüber nicht mehr gewachsen, und es drohte die Überweisung in eine Klasse für verhaltensgestörte Kinder. Nachmittags war Peter im Hort, wo sich ein ähnliches Bild bot. Beide Eltern waren tagsüber in ihrem kleinen Lebensmittelgeschäft so eingespannt, daß sie keine Zeit hatten – und deshalb auch früher keine Zeit gehabt hatten –, sich selbst um Peter zu kümmern. Andererseits hatten sie aufgrund seines aggressiven Verhaltens aber auch Angst, ihn nachmittags allein in der Wohnung zu lassen. Deshalb war Peter im Hort. Die wenigen verbleibenden Stunden am späten Nachmittag waren für beide Seiten eher dadurch gekennzeichnet, daß man sich aus dem Wege ging; der Junge spielte draußen. Gemeinsame Beschäftigung innerhalb der Familie fand vor allem in Form der Kontrolle der Hausarbeiten statt. Peter versuchte und schaffte es auch, seine Eltern laufend zu erpressen. Wenn er etwas nicht bekam, was er wollte, fing er an zu schreien und warf sich auf den Boden. Dank der dünnen Wände war dies ein wirksames Mittel, zumindest seine Mutter immer sehr schnell gefügig zu machen. Sein Vater versuchte gelegentlich, mit einer Tracht Prügel energisch durchzugreifen, aber auch diesen Anstrengungen blieb der gewünschte Erfolg versagt.

Auf den ersten Blick sieht es zunächst so aus, als ob diese Schwierigkeiten erstmals mit Schulbeginn aufgetreten wären, jedoch hatte dieser Zeitpunkt der Einschulung lediglich eine auslösende Funktion. Begonnen hatte es bereits damit, daß Peter sich schon in früheren Jahren zu oft selbst überlassen war. Erst mit den auftretenden Schwierigkeiten waren den Eltern die seelischen Probleme ihres Kindes deutlich geworden. Leider sind die späten Schäden frühkindlicher Mangelerlebnisse oft erst nach Jahren deutlich erkennbar. Besonders klar wird dies zu Beginn neuer Lebensabschnitte erkennbar.

Ängste in der Schule deuten in den meisten Fällen auf eine Angst vor Mißerfolg hin, eine Angst zu versagen oder wegen schlechter Leistungen oder Noten ausgelacht, gestraft und nicht mehr geliebt zu werden. Jedes dritte Kind, das in Beratungsstellen wegen Verhaltensstörungen vorgestellt wird, ist mit Schulproblemen belastet!

Allerdings hat auch gelegentlich die Schule Anteil an dem „Sitzenbleiberelend“ der Kinder. „Kinder im Schulstreß“, „Schule macht krank“ sind die Schlagworte, die den pädagogischen Notstand beklagen. Treffend wurde dieser folgendermaßen beschrieben: „Zensurendruck und numerus clausus, Ganzwortmethode und Mengenlehre. Verfrühte Abstraktion und ständiger Lehrerwechsel. Lange Schulwege und Angst vor dem Abitur. Gesamtschulen und Schulkombinate. Vor allem aber als Folge davon: Gesteigerte Aggressivität und Isolation, Vandalismus in den Pausen und auf den Schulwegen. Auflösung der Klassen in der Oberschule: Die Schüler als Einzelkämpfer, als einsame Wanderer zwischen den Gruppenräumen, bei denen nur noch der eigene Kugelschreiber Heimatgefühle erweckt“ (30).

Kaum mehr werden auch Klassen von der ersten bis zur vierten Klasse von demselben Lehrer geführt, wodurch den Schülern eine positive Identifikationsmöglichkeit mit dem Lehrer geraubt wird. Das Fachlehrerprinzip beginnt bereits in immer niedrigeren Klassen. Dabei überfordert man Kinder besonders in den Anfangsklassen, wenn man von ihnen erwartet, sich Wissen ausschließlich aus Interesse und nicht auch aus Liebe zum Lehrer anzueignen. „Man lernt für den, den man liebt“, hat es bereits Goethe formuliert. Eltern berichten immer wieder, wie abhängig die Leistungen ihrer Kinder von der Person des Lehrers sind, je nachdem, ob sie sich von ihm verstanden fühlen oder nicht.

Auch ungewohntes, stundenlanges Sitzenbleiben und Stillhaltenmüssen können anfangs viele Kinder nur mit großer Anstrengung leisten. Dies gilt besonders, wenn von Anfang an zu sehr der durchzunehmende Stoff und zu wenig die Bedürfnisse der Kinder berücksichtigt werden, der Lehrer sich auch in der Anfangsklasse mehr dem Unterrichtspensum als seiner Aufgabe als Erzieher verpflichtet fühlt.

Eine Alternative zum üblichen Leistungsdruck in der Schule hat z. B. Prof. Hellbrügge in den Münchner Montessori-Schulen geschaffen. In diesen Schulen ist Angst vor der Schule weitgehend ausgeschlossen. Die Kinder haben keine Angst vor dem Sitzenbleiben, weil Montessori-Schulen keine Jahrgangsklassen kennen und daher auch kein Kind sitzenbleiben kann. Die Kinder dieser Schulen haben keine Angst vor schlechten Noten, weil es keine Noten gibt. In diesen Schulen haben Kinder keine Angst, in einem bestimmten Unterricht mit ihrem Pensum nicht fertig zu werden, weil sowohl das Arbeitstempo als auch die Arbeitsleistung vom Kind selbst bestimmt wird. Die Kinder haben auch keine Angst, ihre Hausaufgabe nicht fertigzustellen, denn es gibt kein bestimmtes Pensum, das sie bis zum nächsten Tag erledigen müssen. Ebenso wenig brauchen sie Angst zu haben, zu früh oder zu spät zu kommen, weil der Unterrichtsbeginn flexibel ist: die freie Arbeitszeit, mit der der Unterrichtsmorgen beginnt, beinhaltet, daß jedes Kind beim Eintreffen in die Schule eine Arbeit aufnimmt. Es ist verständlich, daß diese Kinder auch keine Angst vor ihrem Lehrer zu haben brauchen.

Leider sind die Bedingungen in der üblichen Schule für die Kinder wesentlich härter. Sollte daher die Einschulungsuntersuchung das Resultat bringen, daß z. B. aufgrund einer vorliegenden Lernbehinderung eine Beschulung in der normalen Volksschule nicht ratsam ist, sollten diese Kinder möglichst *von Anfang an* der für sie geeigneten Sonderschule zugeführt und ihnen der Start in der Schule nicht zusätzlich durch Überforderung durch einen Normalschulbesuch vergällt werden!

Als Folge der zu erwartenden(!) Mißerfolge muß andernfalls mit einem Verlust des Selbstvertrauens, aggressivem Verhalten oder einer ausgeprägten Schulangst gerechnet werden. Auch bemühte Eltern vermögen allenfalls bei einer ganz leichten Minderbegabung, durch Hilfe bei den Hausaufgaben und durch intensives Üben ein Schulversagen ihres Kindes um ein oder zwei Jahre aufzuhalten. Meistens jedoch bleiben derartige Versuche erfolglos, oft beschleunigen sie statt dessen nur die Schulfeindschaft und die Entmutigung des Kindes. Eine frühzeitige Aufnahme in eine geeignete Sonderschule führt diese Kinder dagegen durch entsprechende heilpädagogische Maßnahmen zu Leistungsbereitschaft und zu Gemeinschaftsfähigkeit entsprechend ihrer Möglichkeit.

Grundsätzlich ist die Einschulung auf einen Zeitpunkt zu verlegen, bei dem zu erwarten ist, daß die mit der Einschulung verbundenen Anforderungen vom Kind auch bewältigt werden können. Und dies wird in der Regel „besser später als zu früh" sein (62, 63).

Nach der Schule in den Hort?

Als der neunjährige Manfred zur Tür hereinkommt, hängt ihm seine Schultasche noch schief auf dem Rücken. „Meine Mutter hat im Büro nicht freibekommen", beantwortet er meine entsprechende Frage, „sie hatte gemeint, ich würde ja auch allein zu Ihnen finden."

Während Manfred sich setzt und seine Jacke auszieht, stopft er umständlich den hervorbaumelnden Schlüssel mit dem Halsband wieder unter sein Hemd. Ohne Zweifel schafft er den Weg vom Hort in die Therapiestunde auch schon allein, doch eigentlich hatte ich mit der Mutter zusammen auch überlegen wollen, ob sich vielleicht andere Möglichkeiten finden ließen, als Manfred nachmittags immer nur in den Hort zu schicken.

Manfred hatte gestohlen, und das war der Grund, weswegen die Lehrerin der Mutter eine Behandlung des Jungen nahegelegt hatte. Zuerst hatten Klassenkameraden in ihren Federmäppchen plötzlich Buntstifte gefehlt, dann war er im Supermarkt erwischt worden, als er eine Tafel Schokolade im Schulranzen verschwinden lassen wollte. Die Mutter war nach ihrer Scheidung alleinstehend und mußte den teuren Lebensunterhalt in einer Großstadt für sich und ihr Kind allein bestreiten. Bis 17 Uhr war Manfred jeden Nachmittag im Hort. Zu Hause trafen sich seine Mutter und er meist erst gegen 18 Uhr, je nachdem, ob noch etwas einzukaufen war oder nicht.

So war Manfred den ganzen Tag über weitgehend sich selbst überlassen. Mittags konnte er nicht wie andere Kinder zu Hause am gemütlichen Familientisch seiner Mutter erzählen, was ihn bewegte, sondern er hatte sich – zusammen mit 25 anderen Kindern aus der Schule – im Hort einzufinden. Drei bis vier Betreuer – zum Teil auch wechselnde Praktikanten – überwachten dann dort, daß die Kinder ihre Hausaufgaben machten, oder wenigstens das, was die Kinder behaupteten, was sie an Hausaufgaben aufhätten. Da auch die Mutter glaubte, daß alle anstehenden Aufgaben von Manfred im Hort sorgfältig erledigt würden, verließ sie sich auf die Betreuer und merkte erst spät – durch eine Mitteilung der aufmerksamen Lehrerin –, daß nicht selten über die Hälfte der Aufgaben unerledigt war. Zwar konnten diese Versuche, sich vor den Hausaufgaben zu drücken, nach Rücksprache mit der Hortleitung teilweise behoben werden, doch stibitzte Manfred in der Schule munter weiter.

Jetzt kam er zwar seit zwei Wochen bereitwillig in die Therapiestunde, doch was kann man mit einer Therapiestunde pro Woche ausrichten, wenn sich an den sonstigen Lebensumständen des Jungen überhaupt nichts ändert? Abends zu Hause blieb ja kaum noch Zeit, daß Mutter und Sohn gemeinsam miteinander spielen oder reden konnten. Beide sind meistens müde, der Haushalt ist noch zu machen, das Abendbrot zu richten, und dann gibt es noch immer irgend etwas Interessantes im Fernsehen ... Ist es da zu verwundern, wenn Manfred aus der Reihe tanzt, sich materiellen Ersatz sucht, da für Persönliches kaum Zeit bleibt? Weil die emotionale Zuwendung nicht ausreicht, wendet er sich selbst etwas zu, er entwendet Buntstifte und Süßigkeiten als Ersatz für fehlende Gemeinsamkeit. „Ersatzbefriedigung" nennt man dieses Verhalten, womit gemeint ist, daß wesentliche Bedürfnisse von Kindern nicht auf Dauer vernachlässigt werden können, ohne daß sie sich auf irgendeine Weise ein Ventil schafften.

Es müssen wohl sehr viele Kinder sein, die nicht die Zuwendung bekommen, die sie brauchten. Der hohe Anteil an Diebstahlsdelikten schon bei Kindern läßt unter anderem darauf schließen. 1982 wurden allein 52371 Diebstähle von Kindern unter 14 Jahren begangen (7)! Von 1971–1981 wurde eine Zunahme der Diebstahlsdelikte bei Kindern dieser Altersgruppe um 27,8% verzeichnet (6). Der Schadensaufwand sämtlicher – von Kindern und Erwachsenen – 1981 begangenen Diebstahlsdelikte betrug 455 Millionen DM. Im Vergleich zum Vorjahr (1980) bedeutete dies eine Steigerung um 30% (67).

Es ist weder eine ausreichende Entschuldigung noch Erklärung, daß die Kinder in den Supermärkten und Kaufhäusern durch die ausgebreiteten Waren zum Stehlen verführt, ja geradezu genötigt würden. Mit emotional abgesättigten Kindern kann man durchaus die verlockendsten Auslagen anschauen, ohne daß diese Kinder durch ständiges Habenvollen und Gejammere die Nerven ihrer Eltern strapazieren, geschweige denn sich verbotenerweise „selbst bedienen".

Manfreds Mutter ist in einer schwierigen Situation. Einerseits beginnt sie zu erkennen, daß ihr Sohn sie noch viel mehr braucht, als ihr vorher bewußt war, andererseits steht sie unter dem finanziellen Druck, sich und ihr Kind ernähren zu müssen. Ihre Verwandten leben einige hundert Kilometer entfernt, so daß auch von dieser Seite sich niemand zusätzlich um das Kind kümmern könnte. Andererseits ist die Hortunterbringung auch nicht gerade billig, so daß sie regelmäßig einen Teil ihres Verdienstes für diese eigentlich ungute Betreuungsform ihres Kindes ausgeben muß. Als sie noch einmal alle Ein- und Ausgaben durchrechnet, erfährt sie von einer Kollegin, die im gleichen Betrieb zuvor nur halb angestellt war, daß diese – weil ihre Kinder inzwischen erwachsen sind – gerne ganztags arbeiten würde, aber leider keine entsprechende Stelle zur Verfügung steht. Manfreds Mutter nutzt diese Möglichkeit zum Tausch mit der Kollegin und arbeitet fortan halbtags, so daß sie zu Hause sein kann, wenn Manfred mittags aus der Schule nach Haus kommt.

Nicht immer wird man eine solche günstige Gelegenheit antreffen, so daß sich der Wunsch, die Berufstätigkeit zugunsten des Kindes einzuschränken, auch verwirklichen läßt. Doch lassen sich vielleicht Zwischenlösungen finden, z. B. die Betreuung durch Großeltern oder nachmittags durch eine gut befreundete Familie; vielleicht findet sich auch eine Tagespflegestelle oder eine Tagesmutter? Alle diese Möglichkeiten sind natürlich einer Betreuung durch die eigenen Eltern nicht im mindesten gleichwertig (78, 79), doch im Vergleich zur Hortunterbringung das kleinere Übel. Je weniger außerfamiliäre Bezugspersonen als Elternersatz ein Kind hat, um so besser bekommt es ihm. Je weniger Kinder wiederum von diesen Erwachsenen betreut werden, um so mehr Zeit haben sie für das einzelne Kind.

Manfreds Mutter hatte sich – nachdem sie nur noch halbtags erwerbstätig war – finanziell übrigens schon einschränken müssen. Aber sie war auch dazu bereit gewesen, weil ihr deutlich geworden war, daß ihr Kind die emotionale Gemeinsamkeit mit ihr noch dringend brauchte. Außerdem war auch ihr die gemeinsam mit Manfred verbrachte Zeit sehr viel mehr wert als ein höherer Lebensstandard.

Diese Meinungsbildung der Mutter und die Möglichkeit, ihr Beschäftigungsverhältnis zu ändern, zog sich über ein Vierteljahr hin. Manfred war in der Zwischenzeit weiterhin regelmäßig in die Therapie gekommen. Selbständigkeit hatte er ja schon früh lernen müssen. Während er anfangs noch fahrig und beziehungslos-hektisch auch während der Therapiestunde keine Ruhe finden konnte, gewöhnte er sich allmählich an diese festen Termine. Sie waren für ihn eine der wenigen Gesprächsmöglichkeiten, bei denen er sprechen und sich mitteilen konnte, ohne daß jedes seiner Worte gleich auf eine Goldwaage gelegt oder mit einem kritischen Kommentar belegt worden wäre. Auch wenn inhaltlich in den ersten Stunden nicht viel geschah, schien für ihn doch die Atmosphäre, einfach dasein zu können, wichtig; zumindest genoß er es, daß während dieser Zeit endlich einmal eine Person nur für ihn allein da war und auch Zeit hatte.

Im Laufe dieser Stunden berichtete er auch eine Begebenheit, die mich nachdenklich stimmte: Als er acht Jahre alt war, habe seine Mutter ihn zum ersten Mal allein mit dem Zug zu den Großeltern fahren lassen. Anfangs war die Freude auf diese Reise groß, doch als er dann allein im Abteil des Schnellzugs nach Bremen saß, muß er sich wohl sehr verloren vorgekommen sein: abgeschickt und nocht nicht angekommen. Da man verspätet zum Bahnhof gefahren war, blieb keine Zeit mehr, um eine Fahrkarte zu kaufen. Und so hatte ihm die Mutter zum Abschied 100 DM in die Hand gedrückt zusammen mit einem Zettel für den Schaffner, auf dem die Umsteigeorte verzeichnet waren. Bei einem netten Schaffner im Zug habe er dann auch die Fahrkarte gelöst, doch in der Hektik dieses Abschiedes habe er seiner Mutter kaum „Auf Wiedersehen" sagen können. Allein im Abteil des Zuges habe er dann zu weinen begonnen, als über Stunden das Fahrziel immer noch nicht erreicht war. – Später sei er noch mehrmals in den Ferien die gleiche Strecke allein gefahren – die Mutti hätte ja nie so lange Urlaub gehabt –, aber da hätte er sich dann schon daran gewöhnt, allein in die Ferien zu fahren.

„Man gewöhnt sich an alles", lautet eine gebräuchliche Redewendung. *Manfred* hatte sich an den Hort und auch daran gewöhnt, mit vielem allein fertig werden zu müssen und auf sich selbst gestellt zu sein. *Seine Mutter* hatte sich daran gewöhnt, daß ihre Verpflichtungen ihr nicht mehr Gemeinsamkeit mit ihrem Sohn ermöglichten. Daß diese Regelung zumindest Manfred nicht bekommen war, zeigten seine zunehmenden Diebereien und Schwierigkeiten in der Schule.

Sollte man nicht sogar dankbar sein, daß bedürftige Kinder Verhaltensauffälligkeiten entwickeln, um uns mit der Nase darauf zu stoßen, daß irgend etwas mit ihrem und unserem Leben nicht stimmt, da wir es von allein offenbar sonst doch nicht bemerken? Den Mut zu handeln und Bisheriges in Frage zu stellen müssen wir dann allerdings schon selbst aufbringen und auch bereit sein, unser Herz nicht an liebgewonnene Annehmlichkeiten zu hängen, sondern als Wesentliches unseres eigenen Lebens das Da-Sein für unsere Kinder zu bejahen.

Die ersehnte Erfüllung im Leben findet sich in der Regel höchstens vordergründig in materiellen Reichtümern. Geborgenheit, innerer Frieden und Harmonie erfordern immer auch ein Stück persönlichen Verzicht. Nur dann wird man ernten können, was man gesät hat.

Mein Kind kann sich nicht konzentrieren

„Jeden Nachmittag sitzt unser Stefan stundenlang über den Hausaufgaben. Er wird und wird einfach nicht fertig! Wenn ich dränge, wird alles nur noch schlimmer. Beinahe täglich gibt es wegen der Aufgaben Streit. Und wenn ich nicht dabeisitze, tut er überhaupt nichts."

Leider ist diese Klage der Mutter eines Schulkindes keine vereinzelte Ausnahme, sondern Tausende von Eltern stehen tagtäglich vor demselben Problem. Die Schularbeiten ziehen sich über den ganzen Nachmittag hin. Es bleibt kaum noch Zeit zum Spielen, und die Motivation des Kindes, sich zu bemühen, nähert sich allmählich dem Nullpunkt. Um ihre Kinder schließlich nicht mit unerledigten Hausaufgaben in die Schule zu schicken und sich vielleicht noch dem Vorwurf aussetzen zu müssen, sie kümmerten sich nicht um das Kind, beenden viele Eltern schließlich die nachmittägliche Tortur, indem *sie* die zu bewältigenden Schwierigkeiten lösen und Stefan oder Monika nur noch Vorgebetetes ins Heft einzutragen brauchen.

Zwar sind damit die Schularbeiten erledigt, vom Schulpensum begriffen hat Stefan auf diese Weise jedoch kaum etwas. Gelernt hat er vermutlich aber wieder einmal, daß er sich letztlich gar nicht anstrengen muß, weil Mutter oder Vater – wenn auch mit Schimpfen und Toben – schließlich die Arbeit schon erledigen werden. Wer ließe sich nicht gerne bei Schwierigkeiten helfen?

Stefans Trödelei ist aber keinesfalls böser Wille, sondern er leidet an einem Unvermögen, sich anzustrengen und durchzuhalten. Schaut man genauer hin, handelt es sich in den meisten

Fällen nicht nur um ein Problem der Hausaufgaben. Das Unvermögen, an Probleme heranzugehen bzw. diese in Angriff nehmen zu können, und die Gewohnheit, die Dinge vor sich herzuschieben, findet sich vielfältig auch in Alltagssituationen. Infolge seelischer Kraftlosigkeit – aber auch als Folge von Verwöhnung – wird jeder Anstrengung aus dem Weg gegangen. Häufig schaffen es diese Kinder ebenfalls nicht, ihren Pflichten in der Familie nachzukommen, was die Eltern oft als Drückebergerei empfinden. Die Schuhe werden nicht geputzt, der Mülleimer nicht geleert, und die Ordnung im Kinderzimmer ist eine ständige Katastrophe. Auch der Anorak wird gewohnheitsmäßig zusammen mit der Schultasche achtlos auf den Boden geworfen. Zu mühsam scheint es, Kleidungsstücke an der Garderobe aufzuhängen. Die Mutter räumt schließlich seufzend die Unordnung beiseite. Irgend jemand muß ja wieder für Ordnung sorgen.

Irgendwann wird den Müttern allerdings auch das Chaos im Kinderzimmer zuviel. Resigniert über ihre offenbar nichts fruchtenden Ordnungsappelle, und weil irgendwann auch das Kinderzimmer wieder saubergemacht werden muß, erledigen schließlich sie tatkräftig das ihren Kindern nicht Zumutbare. Wen wundert's, daß die Kinder sich auf diese „Heinzelmännchen" verlassen und nicht den geringsten Anlaß sehen, selbst mit zuzupacken?

Was als mangelnde Ausdauer und Konzentrationsschwäche im Rahmen der Probleme mit den Schularbeiten vielleicht erstmals deutlich auffällt, hat oft eine spezifische Vorgeschichte: Schon früher wurden diesen Kindern in einer verwöhnenden Haltung Schwierigkeiten allzu häufig aus dem Weg geräumt oder gar abgenommen. Auf diese Weise mangelt es ihnen an der Erfahrung, daß Schwierigkeiten – sowohl bei Aufgaben als auch im Spiel – mit ausdauernder Beharrlichkeit durchaus gemeistert werden können.

Eine verwöhnende Haltung der Eltern ist jedoch nicht immer allein die Ursache der beschriebenen Problematik. Nicht selten werden Eltern auch in die Verwöhnung genötigt, weil sie meinen, der Passivität ihrer Kinder und deren Unvermögen sich anzustrengen auf diese Weise abhelfen zu können – manchmal auch, weil eine fortwährende Passivität nur schwer zu ertragen ist.

Was aber hat diese Arbeitsstörung verursacht? Bei genauem Hinschauen lassen sich bereits frühe Phasen einer Enttäuschung und Resignation beobachten. Stefans Mutter schilderte diese Anfänge des heutigen Schulversagens unter Tränen: Obwohl sich beide Eltern sehr auf ihr Kind gefreut hatten, überschattete der Tod eines Familienmitgliedes schon die Schwangerschaft. Stefans Mutter hatte ihre eigene Mutter verloren und trauerte um sie noch lange nach der Geburt von Stefan. Immer wenn sie ihren kleinen Sohn ansah, ihn wickelte und badete, fiel sie in erneute Traurigkeit über den Tod ihrer Mutter, die sich schon so sehr auf das erste Enkelkind gefreut habe. Aufgrund ihrer eigenen Depression und Kraftlosigkeit beschränkte die Mutter allmählich den Umgang mit ihrem Säugling auf die Zeiten des unumgänglichen Kontaktes beim Füttern und Pflegen. Zusätzlich war dieser geringe Kontakt auch durch Pensionsgäste bedingt, die das Ehepaar – wie jedes Jahr – im Haus aufgenommen hatte und deren Betreuung viel Zeit in Anspruch nahm. Stefan hatte damals viel im Kinderwagen draußen im Garten gestanden. Häufig war die Mutter erst von den Sommergästen darauf aufmerksam gemacht worden, daß Stefan im Wagen weinte. In dieser Zeit machte Stefan die Erfahrung, daß alles Weinen und Schreien gar keinen Zweck hatte – daß nämlich die Mutter gekommen wäre –, und so resignierte er schließlich. Er wurde ruhiger. Was den Eltern zunächst angenehm auffiel, entpuppte sich mit dem Älterwerden jedoch als Antriebsstörung, überhaupt etwas zu tun. Die vermeintlich helfende Verwöhnung der Eltern tat ihr übriges, um das aus Resignation erwachsene Gefühl des eigenen Unvermögens zu bestärken.

„Beharrlichkeit bringt Heil", heißt es schon im I Ging, dem ältesten chinesischen Weisheits- und Orakelbuch (29a). Wer aufgrund innerer Mutlosigkeit oder / und weil ihm zu oft zuviel abgenommen wurde bei jeder auftretenden Schwierigkeit sofort resigniert und mutlos wird hinsichtlich seiner Fähigkeiten und seines Könnens, der wird schließlich sich selbst kaum noch etwas zutrauen, sein Selbstvertrauen verlieren und tatsächlich meinen, daß er viele Dinge nicht bewältigen kann. Solche Kinder lassen in der Sprechstunde oft schon entmutigt den Kopf hängen, wenn sie etwas zeichnen sollen.

„Das kann ich nicht“, heißt es dann stereotyp, ohne daß überhaupt der Bleistift zu einem Versuch in die Hand genommen wäre.

„Das kann ich nicht“ soll aber oft auch heißen: „Ich habe Angst, daß ich es nicht kann; oder, daß ich es nicht gut genug kann. Und deshalb versuche ich es erst gar nicht. Weil ich Angst habe, daß meine Anstrengungen doch nicht gut genug sein werden, und weil ich auch nicht immer ausgeschimpft werden möchte“.

Während im Fall von Stefan eine frühe emotionale Entbehrung mit anschließender Überbehütung die Entwicklung eigener Aktivitäten behinderte, lag andererseits der Schwerpunkt der Entwicklungsstörung bei Sabine mehr in einer mangelnden Geduld bei gleichzeitiger Anspruchshaltung ihrer Eltern. Bei Sabine waren es zwei Faktoren, die sie verstört und verunsichert haben: Zum einen hatte gutgemeintes, aber falsches Abnehmen eigentlich von ihr zu erledigender Aufgaben zu einer Verwöhnung und Passivität geführt, wodurch eine altersentsprechende Selbständigkeit und Selbstsicherheit nicht gelernt wurde. Andererseits wurde sie wegen ihres ständigen Scheiterns und Nichterledigens von Aufgaben so häufig getadelt, daß ihre Mutlosigkeit noch verstärkt wurde: Schließlich traute sie sich überhaupt nichts mehr zu.

Im Gegensatz zu diesen Problemen bei Aufgaben, die den Kindern unangenehm sind, wissen Eltern andererseits zu berichten, daß ihre Kinder stundenlang spielen und sich mit Dingen beschäftigen können, die ihnen Spaß machen und die sie sich selbst gewählt haben. Manche allerdings vermögen nicht einmal zu spielen. Bei genauem Hinschauen finden sich jedoch Ansätze eigenen Interesses, bei denen auch diese Kinder bereit sind, mit einer für sie angenehmen Beschäftigung zu beginnen – wenn sie Aussicht auf Erfolg haben und auch beim Spiel sich nicht vollkommen selbst überlassen fühlen! Das selbst gewählte Spiel ist ein Einstieg zur ausdauernden Beschäftigung, sofern dort die gefürchtete Überwachung und Kontrolle nicht stattfindet.

Dieser Ansatz ist ein erster Weg zur Besserung: Durch die Anteilnahme und das Intercsse der Eltern auch am Spiel ihres Kindes wird Stefan ermutigt, sich überhaupt an irgendwelche Aufgaben wieder heranzuwagen. Die ermunternde und gleichbleibende Freundlichkeit der Eltern ist für ihn eine Rückversicherung, daß jemand da ist für den Fall, daß er vielleicht doch nicht weiterkönnte.

Sabine dagegen spielt nach Ansicht ihrer Eltern viel zuviel, das heißt, sie kann sich nur im Spiel ausdauernd beschäftigen. Dennoch ist sie in der Entwicklung eine Stufe weiter als Stefan. Sie weicht zwar Unangenehmem aus, aber spielen kann sie. Das traut sie sich zu, da fühlt sie sich sicher. Sabine kann sich ausdauernd immerhin im Spiel beschäftigen, weil sie vermutlich mit der Einstellung das Spiel begonnen hat, daß sie entweder diese Beschäftigung bereits beherrscht, oder zumindest meint, die Sache doch bewältigen zu können. Diese Beobachtung zeigt, wie wesentlich für diese Kinder die subjektive Einschätzung ist, eine Sache vermutlich bewältigen zu können oder nicht.

Müßten wir daher im Alltag nicht zuallererst unsere Kinder mehr ermutigen und ihnen auch zutrauen, daß sie vieles doch vielleicht schon recht gut erledigen können?

Besonders die Väter werfen an dieser Stelle oft kritisch ein, daß man Kinder doch nicht für alles und jedes loben könne. Die Kinder würden doch nur eingebildet – und überhaupt, sie selber seien schließlich früher auch nicht ständig gelobt worden. Es ist sicher richtig, nicht jeden kleinen Fingerzeig ständig „über den grünen Klee" zu loben. Andererseits haben wir es uns bedauerlicherweise vielfach angewöhnt, allzu viel einfach als selbstverständlich vorauszusetzen, ohne zu hinterfragen, ob es denn tatsächlich selbstverständlich ist, was wir erwarten.

Ist unser Anspruchsniveau nicht gelegentlich übertrieben hoch und einseitig an den eigenen Wünschen und Vorstellungen orientiert? Denken wir als Eltern genügend darüber nach, ob unsere Idealvorstellungen von den Kindern überhaupt erfüllbar sind?

Weniger ist mehr, heißt es schon im Volksmund. Wieviel eher hat doch ein Kind Aussicht auf Erfolg, wenn wir unsere Vorstellungen hinsichtlich des möglichen Leistungsniveaus unserer Kinder ein ganzes Stück herabschrauben könnten! Nur wenn das Kind überhaupt die Möglichkeit hat, die erwünschte Leistung zu erbringen, wird es einen Sinn darin sehen, sich auch anzustrengen. Und schon diese Anstrengung muß gelobt und anerkannt werden; auch wenn dies nicht sogleich dazu führt, daß die Hausarbeiten ab sofort alle richtig und in der halben Zeit erledigt werden. Die Anerkennung – auch schon allein dafür, daß das Kind sich bemüht (!) – spornt an und ermutigt, sich weiter zu bemühen. Kinder lernen doch nicht „für die Schule" oder „für das Leben", sondern zunächst für eine Anerkennung und Freude seitens der Eltern, eines Lehrers oder einer Lehrerin. Nicht die Aufgabe an sich ist anfangs motivierend, sondern zunächst das ganz konkrete Lob: „Wie schön ist das geworden!"

Deshalb wäre es auch so wichtig, daß die Lehrer in der Schule durch Anreiz und Anerkennung versuchten, die Lernbereitschaft ihrer Schüler zu wecken und aufrechtzuerhalten. Wie oft berichten Eltern, daß nach einem Lehrerwechsel die Leistungen ihres Kindes um ein oder zwei Noten abgesackt sind, nur weil sich ihr Kind von dem neuen Lehrer nicht geliebt und anerkannt fühlte. Wie sehr können andererseits an ihren Schülern – und nicht nur am Lehrstoff – interessierte Lehrkräfte das Niveau einer ganzen Klasse heben! Man darf auch dies vorsichtig am Elternsprechtag ansprechen. Es sollte allerdings positiv und konstruktiv geschehen – denn nicht nur Kinder brauchen Anerkennung!

Nun ist es sicher wenig sinnvoll – wenn bislang z. B. die Mutter Nachmittag für Nachmittag stets bei den Hausaufgaben dabeisitzen mußte –, von einem Tag zum anderen seinem Kind die Erledigung zuvor nicht gekonnter Aufgaben nun allein „zuzutrauen" und damit sein Kind zu überfordern. Änderungen zuvor eingeschliffener Verhaltensweisen sind immer nur allmählich möglich, und auch gelegentliche Rückfälle sollte man stets mit einkalkulieren. Vielleicht ist es aber sinnvoll, Stefan z. B. jeweils zunächst die Hausaufgaben anfertigen zu lassen, die für ihn leicht sind und die er sich zutraut, schon allein zu bewältigen. Das gibt ihm Sicherheit und stärkt sein Gefühl, zumindest einen Teil der Arbeit doch offenbar schon selbständig erledigen zu können.

Es mag auch anfangs sinnvoll sein, während dieser Zeit noch mit im Raum zu sein, ohne aber direkt mit am Tisch oder Schreibtisch zu sitzen: Stefan und Sabine sollen ja lernen, selbständig zu arbeiten, ohne durch die zu große Nähe der Mutter abgelenkt zu sein. Im Anschluß an das allein schon bewältigte Pensum sollten schwierigere Aufgaben so weit besprochen werden, daß dann vom Kind ein Stück weit selbständig weitergearbeitet werden kann. Anfangs wird dabei Hilfestellung noch in kürzeren Abständen erforderlich sein, bis sich die Mutter dann allmählich mehr und mehr zurückziehen kann.

Die noch notwendige Hilfestellung beinhaltet jedoch nicht, daß die Eltern dem Kind Dinge abnehmen, die es selbst schon tun könnte. „Hilf mir, es selbst zu tun", hat schon Maria Montessori sehr zutreffend ausgedrückt, daß das Ziel jeglicher Hilfe immer die weitgehend selbständige Fertigstellung einer Aufgabe sein sollte.

Bei einem Besuch in Montessori-Schulklassen ist man immer wieder erstaunt, wie ruhig, konzentriert und selbständig die Schüler arbeiten. In der sog. „Freiarbeitszeit" lernen die Schüler – losgelöst vom Frontalunterricht – Aufgaben alleine oder in kleinen Gruppen selbständig zu erledigen. Hilfestellung ist möglich: so viel zwar wie notwendig, aber so wenig wie möglich.

Bewährt hat sich auch – insbesondere um langsame und manchmal schreibfaule Kinder ein wenig anzuspornen –, die für die Erledigung der Hausaufgaben vorgesehene Zeit etwas zu beschränken. Und zwar in dem Sinne, daß dem Kind ein *Anreiz* in Aussicht gestellt wird, wenn es die anstehenden Aufgaben innerhalb der vereinbarten Zeitspanne bewältigt. Dieser Anreiz kann z. B. ein gemeinsames Spiel sein, ein Besuch im Schwimmbad oder einfach auch nur Zeit, die die Eltern ihrem Kind zusätzlich einräumen und in der dann das Kind wählen darf, was es gemeinsam in dieser freien Zeit nach den Schularbeiten mit uns tun möchte. Der Anreiz liegt darin, daß sich das Angebot der zusätzlichen, gemeinsamen Beschäftigung zeitlich ausdehnt, wenn die Aufgaben eher beendet werden (einigermaßen lesbar natürlich) und sich andererseits diese Extrazeit verkürzt, wenn allzuviel getrödelt wird. So hat es das Kind selbst in der Hand, ob der Nachmittag mehr mit Arbeit oder mit Spiel ausgefüllt wird.

Dabei kommt durchaus auch dem Spiel übende Bedeutung in dem Sinne zu, daß auch und zuallererst im Spiel gelernt wird, Schwierigkeiten zu überwinden und zu meistern. So sollten auch hier, z. B. beim Bauen und Basteln, die Eltern selbstverständlich mit ihrem Kind mitspielen, aber in erster Linie möglichst ihm die Aktivität und Initiative überlassen. Wenn Stefan immer nur zuschaut, wie sein Vater mit der Eisenbahn spielt, kann er es kaum lernen, sie selbst aufzubauen. Ein Interesse auch für Kniffliges und vielleicht Schwieriges zu vermitteln, ist hier vor allem die Aufgabe der Erzieher, damit man sich über die gemeinsam gelungene Anstrengung zusammen freuen kann!

Wer nicht mitspielen mag, weil er fürchtet zu verlieren, oder – wenn er verliert – mißmutig-nörgelnd sofort aufhört und das Zimmer verläßt, zeigt damit, daß er so sehr verunsichert ist, daß er den Erfolg des Gewinnens braucht, um sich nicht minderwertig zu fühlen. Viel Zuwendung, Trost und Ermutigung brauchen diese Kinder noch, wenngleich sie andererseits allmählich auch erfahren und akzeptieren lernen müssen, daß man nicht immer als Kronprinz im Mittelpunkt stehen kann und daß im Leben leider nicht immer alles gelingt. Es ist geradezu notwendig, auch Frustrationen allmählich aushalten und ertragen zu können, um späterhin nicht durch jeden kleinen Rückschlag das Vertrauen zu sich selbst und seinen Mitmenschen zu verlieren. Kinder, denen immer alle Schwierigkeiten aus dem Weg geräumt wurden, die immer alle Wünsche erfüllt bekamen – inklusive der weitgehenden Erledigung ihrer Hausaufgaben –, mißdeuten, wenn ihnen doch einmal ein Wunsch abgeschlagen werden muß, dies dann allzuleicht als persönliche Kränkung. Sie meinen dann, daß sie auch als Person nicht mehr geliebt und anerkannt werden.

Deswegen ist es gerade auch im schulischen Bereich so unendlich wichtig, trotz möglicherweise berechtigter Kritik an der Faulheit von Sohn oder Tochter, diese Kritik doch auf den Sachverhalt zu beschränken und niemals die Zuneigung zur Person in diesen Tadel mit einzubeziehen!

Aussprüche wie: „Weil Du eine Fünf nach Hause gebracht hast, haben wir Dich nicht mehr lieb", sind daher Gift für die Anstrengungsbereitschaft von Stefan! Sie entmutigen so sehr, daß die Kinder, flügellahm über diese Äußerung, daß sie nicht angenommen, nicht geachtet sind, nur noch den Kopf hängen lassen. Zusätzlich ausgeübter Druck und Strenge machen die Situation nur noch schlimmer: Schlimmstenfalls gewöhnt sich das Kind eine Arbeitshaltung an, die es auch späterhin, sein Leben lang, immer nur dann arbeiten läßt, wenn es durch andere oder auch sich selbst unter Druck gesetzt wird. Wenn man immer alles vor sich her, „auf die lange Bank schiebt" und dadurch Arbeiten unter Zeitdruck „auf den letzten Drücker" erledigt werden, ist ein permanenter Streß vorprogrammiert. Erwachsene berichten immer wieder, wie sehr sie unter dieser Bürde des „Arbeitenmüssens" leiden.

Lob und Anerkennung - so einfach dieses „Rezept" auch klingen mag - sind dagegen sehr viel erfolgversprechendere Maßnahmen, um Stefan weiterzuhelfen. Und vor allem, diese konstruktive Vorgehensweise entlastet und harmonisiert das Familienklima!

Wieviel einfacher ginge doch einiges, wenn wir uns abgewöhnen könnten, nicht immer nur das Unerledigte, die Fehler, die Mängel herauszustellen und anzuprangern, sondern statt dessen das bisher Selbstverständliche, das, was gelungen ist, wo sich jemand Mühe gegeben hat, wo jemand in der Familie dem anderen eine Freude machen wollte, nicht nur zu registrieren, sondern es auch auszusprechen, daß man sich darüber freut! Vielleicht könnte eine Einschränkung der üblichen „Mängelregistrierung" auch manchen überflüssigen Ehestreit vermeiden helfen. Oder freuen Sie sich nicht auch gelegentlich über ein anerkennendes Wort?

Das Schreiben und das Lesen ist nie mein Fall gewesen

Am Ende der zweiten Klasse druckst Michael immer noch selbst an den einfachsten Lesetexten herum. Beinahe bei jedem Wort bleibt er hängen. „Blatt“ liest er statt „bald“, „lief“ statt „viel“ und „ängstlich“ statt „endlich“.

Weil Michael noch so schlecht liest, soll er jeden Nachmittag im Anschluß an die Schularbeiten zusätzlich üben. Er gibt sich zwar Mühe – allein schon, um dem lästigen Üben endlich entfliehen zu können –, aber es wird und wird einfach nicht besser. Hinzu kommt, daß die Rechtschreibung ein ebensolches Problem ist. Michael schreibt die Worte ebenso falsch, wie er sie falsch liest. Es ist zum „Ferzveiveln“!

Die psychologische Untersuchung ergibt, daß Michael über eine durchaus hinreichende Intelligenz verfügt und den Anforderungen dieser Klassenstufe eigentlich genügen können sollte. Im Rechnen z. B. hat er auch keine derartigen Schwierigkeiten. Dort gehört er mit zu den Klassenbesten. Allerdings ist – obwohl er richtig gerechnet hat – sein Ergebnis manchmal dennoch falsch: Bei schriftlichen Aufgaben vertauscht er gelegentlich die Reihenfolge der Zahlen.

Michael hat eine Lese-Rechtschreibschwäche, eine Legasthenie. Es gibt heute mehr als ein Dutzend Legasthenie-Definitionen (83). Die verbreitetste lautet: „Unter Legasthenie verstehen wir eine spezielle, aus dem Rahmen der übrigen Leistungen fallende Schwäche im Erlernen des Lesens (und indirekt auch des selbständigen fehlerfreien Schreibens) bei sonst intakter – oder im Verhältnis zur Lesefertigkeit – relativ guter Intelligenz. Von Legasthenie sprechen wir also nur, wenn ein Kind von ungefähr normaler Intelligenz, unter normalen

Schulverhältnissen und trotz aller Bemühungen der Erwachsenen das Lesen und das Schreiben nicht oder nur mit der größten Anstrengung erlernen kann, während in den übrigen Fächern keine auffallenden Probleme vorhanden sind" (43, S. 13). Die weitverbreitete Meinung, daß viele Legastheniker im Gegensatz zu Nicht-Legasthenikern sich durch spezielle Fehler auszeichnen, konnte in neueren Untersuchungen nicht bestätigt werden.

Bei legasthenen Kindern findet man jedoch eine größere Häufigkeit von Sehstörungen, wie z. B. Kurzsichtigkeit, weshalb zur diagnostischen Abklärung sicherheitshalber ein Augenarzt aufgesucht werden sollte. Zwar können leichte Sehstörungen vom Kind ausgeglichen werden, doch die Anstrengungen dieser Kompensation führen oft zu Unlust am Lesen. Gelegentlich beobachtet man bei diesen Kindern auch eine akustische Diskriminationsschwäche, wodurch das gehörte Wort nur unvollständig oder zerstückelt erfaßt wird.

Durch die Einführung der Ganzwortmethode in den Schulen wurden leider vielen Kindern künstlich Lese- und Rechtschreibprobleme geschaffen, die mit der früher üblichen synthetischen Lautiermethode vermeidbar gewesen wären. Es konnte nachgewiesen werden, daß am Ende des zweiten Schuljahres die synthetische Lautiermethode der Ganzwortmethode überlegen ist (64, 90). Zwar kamen hochintelligente Kinder auch mit der schwierigeren Ganzwortmethode zurecht, die mittleren und schwächeren Schüler hatten aber – ebenso wie Michael – unter diesem pädagogisch wenig sinnvollen Experiment zu leiden.

Aber nicht in allen Fällen trägt allein die Schule Schuld an dieser Lernstörung, sondern auch Erziehungskonzepte, die das Kind im genauen Hinschauen, in der Ausdauer und Durchhaltefähigkeit beeinträchtigen – wie z. B. eine das Kind schädigende Wechselbetreuung (55) –, können als späte Folge diese Beeinträchtigung im Lesen- und Schreibenlernen nach sich ziehen. Wie sich derartigen Problemen rechtzeitig vorbeugen läßt, wurde bereits aufgezeigt (80).

Auch die Lehrerin hatte Michaels Schwierigkeiten richtig erkannt, und sie schlug der Mutter vor, Michael solle zusätzlich für solche Kinder in der Schule extra eingerichtete Förderstunden besuchen. Solche speziellen Übungsstunden in der Schule können – je nach Ausbildung und pädagogischem Geschick des Lehrers – sehr fruchtbringend für die Kinder sein, insbesondere, wenn ihnen dadurch die Freude am Lernen und am Erfolg wiedergegeben werden kann. Leider sind diese Förderstunden jedoch häufig überfüllt und können daher ihren Nachhilfezweck nicht immer erfüllen. Wenn die Gruppe der Kinder zu groß ist, kann nicht mehr im notwendigen Maße auf die spezifischen Schwächen und Fehlerschwerpunkte des einzelnen Schülers eingegangen werden. Alle lernen dann von jedem etwas, aber nichts genau, und so bleibt der Erfolg nur mäßig. Aufgrund unserer Erfahrung ist eine wirkliche Förderung der Kinder nur in Gruppengrößen von maximal vier bis sechs Kindern sinnvoll, oder natürlich im Einzelunterricht.

Es lohnt daher durchaus die Überlegung, ob nicht eine private Förderung durch einen qualifizierten Diplom-Psychologen schneller zum Erfolg führt. Es kann sehr sinnvoll sein, wenn Eltern diese Übungen in andere Hände legen, um die häusliche Atmosphäre nicht durch zusätzliche Anforderungen an das Kind seitens der Eltern zu belasten. Man sollte nicht vergessen, daß das Kind auch unter seiner Schwäche leidet, häufig in der Klasse von Mitschülern deswegen gehänselt wird und vollends den Mut verliert, wenn trotz Förderunterricht und bestem Bemühen seinerseits auch nach einem Jahre immer noch kein Fortschritt am Horizont zu erkennen ist.

Nur bei einer spezifischen Förderung können von Anfang an die ganz individuellen Fehlerschwerpunkte des einzelnen Kindes angegangen werden.

Mit einer diagnostischen Untersuchung wurde bei Michael festgestellt, welche Fehlerarten bei ihm am häufigsten auftraten. Und bei diesen am häufigsten vorkommenden Fehlern begann die therapeutische Arbeit. Dieses Vorgehen gewährleistete eine schnellstmögliche Besserung der Legasthenie, denn der Übungserfolg mindert als erstes die Zahl der am häufigsten gemachten Fehler.

Spezielle Übungen können auch vom Kind zu Hause – entweder allein oder zusammen mit den Eltern – durchgeführt werden. Schreibmaschineschreiben z. B. macht meistens nicht nur auch dem Kind großen Spaß, sondern es trainiert damit quasi nebenbei auch das genaue Hinschauen, das Finden und Wiedererkennen von Buchstaben, und auch die Handmotorik wird flinker. Selbstverständlich sollten die Kinder nicht üben *müssen,* sondern sozusagen als Belohnung auf der Maschine schreiben *dürfen.* So wird vielleicht auch der längst fällige „Bedankemichbrief" vom letzten Geburtstag an die Großeltern geschrieben oder der – diesmal lesbare – Wunschzettel zu Weihnachten.

Grundsätzlich wichtig ist, daß man bei allen Übungen von Anfang an dem Kind eine Selbstkontrolle ermöglicht. D. h., nicht Vater oder Mutter weisen auf das falsch geschriebene Wort hin, sondern Michael soll es möglichst selbst finden. Hilfen hierbei sind natürlich erlaubt, wie: „Schau mal in dem zweiten Absatz nach", oder: „Irgendwo in den ersten zwei Reihen ist etwas falsch". Als Hilfe haben sich auch sehr gut die – auf verschiedene Klassenstufen abgestimmten – Übungsbücher von Tamm (93, 94, 95) bewährt. Besonders mit dem in ihnen enthaltenen „Lesepfeil" lernen Kinder wieder, Worte auf- und abzubauen und das synthetische Zusammenlesen wieder zu erlernen. Ebenso ermöglichen Druckkästen (nicht zu kleine Buchstaben wählen) und Buchstabenwürfel nicht nur einen spielerischen, sondern auch einen erfolgversprechenden Umgang mit dem Wort.

Damit Eltern ihren leseschwachen Kindern nicht gleich bei jedem falsch zusammengesuchten Begriff sofort ins Wort fallen müssen, hat sich hier die Verwendung eines Tonbandes als günstig erwiesen: Das Kind kann allein in seinem Zimmer einen Absatz eines Textes auf das Band sprechen und beim Abhören eine wertfreie – und nicht tadelnde – unmittelbare Rückmeldung seiner Leseleistung erfahren. Es kann diesen Absatz so oft wiederholen, bis es selbst mit seiner Leseleistung zufrieden ist. Dann genügt es, dieses Tonband den Eltern vorzuspielen, welche dann selbstverständlich – nicht nur wegen des relativ flüssigen Lesens, sondern auch aus Anerkennung für die dahinter stehende Mühe und Anstrengung – begeistert sein sollten.

Überhaupt ist das Lob ein so ungeheurer Motor und Anreiz, daß man sich dieser Erziehungshilfe nicht oft genug bedienen kann. Ein Lob über ein einzelnes, richtig geschriebenes Wort kann die Motivation dafür sein, daß Michael trotz weiterer Mißerfolge doch nicht die Hoffnung aufgibt, seiner Muttersprache einmal mächtig zu werden. Selbst wenn das aus der Schule nach Hause mitgebrachte Diktat von roter Tinte nur so trieft, läßt sich doch sicher irgendwo ein Wort finden, das Michael richtig geschrieben hat! Und damit müssen wir ihn trösten, ihm neuen Mut und Hoffnung geben!

Wenn Eltern bei ihren Kindern bereits im Vorschulbereich Unsicherheiten in der Wahrnehmung, ein Vertauschen von rechts und links bemerken, läßt sich drohenden Problemen in der Schule wirkungsvoll bereits vor der Einschulung mit dem Programm von Horn-Breul (30) begegnen. Die aufgezeigten spielerischen Übungen machen Freude, ohne daß schulische Anforderungen diese ‚Spielerei' schon zur Pflicht werden ließen.

Immer dann, wenn die Eltern Auffälligkeiten in der beschriebenen Weise bei ihrem Kind beobachten, sollte grundsätzlich eine genaue Abklärung durch einen Diplom-Psychologen (Adressennachweis s. Anschriften[1]) vorgenommen werden. Nicht alle Kinderärzte und Lehrer verfügen hier über das erforderliche Fachwissen und die Erfahrung, das Kind nicht nur „irgendwie", sondern gemäß seiner speziellen Ausfälle therapieren zu können. Da sich – sofern eine notwendige Behandlung hinausgeschoben oder verschleppt wird – aufgrund der zentralen Bedeutung des Schreibens und Lesens auch in anderen Fächern Leistungsabfälle einstellen können, wäre es ungerecht, dann mit dem Kind zu schimpfen, weil ein unbehandelter, umrissener Problemkreis sich auf diese Weise als allgemeines Schulversagen generalisiert. Es hilft nicht, schlechte Noten lediglich als Faulheit zu tadeln. Dem Kind muß auch geholfen werden!

Erziehung zur Friedensfähigkeit

Eine junge Studentenmutter fährt Sonntagabend wieder zurück zur Uni. Ihre Eltern haben sie zum Bahnhof begleitet. Mit von der Partie ist auch ihr kleiner, eineinhalbjähriger Sohn. Weinend nimmt er zur Kenntnis, daß die junge Mutter in den Zug steigt. Als sie aus dem Fenster schaut, schreit er lauthals und die ganze Zeit bis zur Abfahrt des Zuges: „Nein! Nein! Mami! Mami! Nein! Nein! Nein!" Die Großeltern lächeln, die Mutter winkt, niemanden scheint das schreiende Kind zu stören. Als der Zug anfährt, deuten die Großeltern lächelnd auf die sich entfernende Mutter. Verzweifelt bleibt das Kind auf dem Bahnsteig zurück.

Was sind das für neue Mütter, die sich als Studenten stark machen für Abrüstung und sich für den Frieden engagieren, die aber noch nicht einmal den seelischen Frieden eines einzigen Kindes garantieren können? Während diese emanzipierten und offenbar von jeglichem Verantwortungsgefühl befreiten jungen Eltern für Frieden und Freiheit demonstrieren, sind die Kinder dem Diktat in den Krippen ausgesetzt.

Was für eine Kälte und Gefühllosigkeit, was für eine „unglaubliche Roheit" (11)! Warum muß die seelische Gesundheit dieser armen Kinder aufgrund von Unwissenheit und ideologischer Verblendung geopfert werden?

Auf ihrem Ego-Trip sehen manche junge Eltern in ihrem Kind nicht mehr eine Aufgabe, ein Wesen, das Sorge braucht, dem man sich zuwenden muß. Die Ichbezogenheit einiger dieser Mütter und Väter, die nicht bereit sind, der Kinder wegen auf irgendetwas zu verzichten, verdeutlichen am besten ihre eigenen Diskussionsbeiträge: „Ich find's ja gut mit Boris – aber den ganzen Tag und immer nur ich ... das nervt mich so ... Den ganzen Tag Alleinunterhalterin, Freundin, Mitmacherin, Aufpasserin, Vormacherin und Putzfrau für einen 1½jährigen zu spielen? Das schaffe ich nicht. Dafür bin ich zu alt, zu groß, zu vernünftig, zu faul" (32, S. 17). – „Ich kann vielleicht auch von Sozialhilfe leben, sicher nicht sehr gut. Aber ich will das überhaupt nicht... Es gibt nämlich immer mehr Frauen, die einfach keine Lust mehr haben, diesen Bedarf nach Kindererziehung zu decken und ihre eigenen Bedürfnisse dabei völlig unterzubuttern" (32, S. 95). „Mein Kind ist in der Trotzphase, es ist mir zu anstrengend, es zum Einkaufen mitzunehmen, mich mit ihm auseinanderzusetzen" (12, S. 97). – Ein Elternpaar schreibt nach der Geburt des Kindes: „Zeit für einen selbst und für den Partner war knapp geworden. Forderte doch immer zuerst unser Söhnchen Zuwendung und Interesse. Unter diesen Bedingungen waren wir für die Entlastung durch die Krippe dankbar" (16, S. 89).

Es ist eine Utopie zu meinen, man könne „nebenbei auch noch ein Kind haben", ohne daß eine harmonische Entwicklung des Kindes auch Einschränkungen und eine Opferbereitschaft in der eigenen Lebensführung erforderte. Man meint es Säuglingen und Kleinkindern zumuten zu können, wenn sie wie Puppen überall mit hingeschleppt werden, während sie in Wirklichkeit noch viel mehr Ruhe brauchten. Und wenn die Eltern ins Theater gehen wollen, werden Säuglinge kurzerhand an der Garderobe abgegeben, wie es erst kürzlich eine Elternzeitschrift als nachahmenswerte Lösung ihren Lesern anempfohlen hat (97).

Manche Mütter wollen ein Kind eher, um Liebe zu erhalten und zwar vom eigenen Kind. „Kinder aber möchten egoistisch von den Eltern haben, und zwar all das, was sich diese gestörten Frauen von ihren Kindern erwarten – Liebe, Zuwendung, Geborgenheit, Anerkennung. Diese Frauen werden dann oft von ihrem Kind rasch enttäuscht, wenn sie sehen, daß dieses Wesen nicht nur Zuwendung gibt, sondern auch Einsatz fordert" (21, S. 97)! Kinder dienen dann manchmal nur der egozentrischen Selbsterfahrung, dem eigennützigen Bedürfnis, daß man auch die Erfahrung der Schwangerschaft und Geburt einmal mitgemacht haben will. Bar jeden Verantwortungsgefühls suchen einige Mädchen auch nur einen Erzeuger für ihr Kind. Das Ansinnen, auch mit dem Vater zusammenzuleben, weisen sie entrüstet von sich. Wenn der Reiz des Neuen nach einigen Wochen der täglichen Mühe des Alltags gewichen ist und das Kind dann doch mehr Zeit, Opfer- und Einsatzbereitschaft verlangt als man vorhergesehen hatte, läßt es sich ja doch – bei den meist zu Hilfe eilenden Großeltern oder aber in öffentlichen Institutionen – wunderbar abgeben. Der Einfachheit halber lassen einige Mütter ihr Kind gleich während der ganzen Woche bei den Großeltern und holen es dann nur am Sonntag „zum Besuch" einmal ab. Die Lust auf die Erfahrung von Schwangerschaft und Geburt wurde befriedigt, man wird sich aber doch durch so ein Kind nicht einengen lassen. Das wäre ja noch schöner. Man ist ja schließlich emanzipiert!

Ihr erstes Kind „plante" die 17jährige Andrea bereits in der Schulzeit. Ein älterer, vermögender Herr wurde per Zeitungsinserat als Vater auserkoren. Kurz nach dem Abitur gebar sie ihren ersten Sohn. 14 Tage nach der Geburt gab sie ihn schon bei den Großeltern ab – diese wohnten über 200 km entfernt, und ein Besuch war nur in großen Abständen möglich. Das Studium rief, das diese ehrgeizige Mutter in kürzester Zeit erledigen wollte. Sie bekam dann noch zwei weitere Kinder, die ebenfalls jeweils eine Woche nach der Entbindung zur Großmutter abgeschoben wurden. Schließlich heiratete sie zwar irgendwann den Vater, allerdings nur, um sich nach einem Jahr wieder von ihm scheiden zu lassen. – Wie werden die Kinder später einmal über ihre Eltern, über ihre Mutter urteilen? Werden sie nicht mit Recht diese Verlogenheit einer rein ichbezogenen, materiellen Orientierung anprangern? Werden sie sie nicht – mit Recht – verantwortlich machen für eigenes Leid und seelische Wunden?

Es ist kaum bekannt, daß im Interesse der Kinder sich auch die Terroristin Ulrike Meinhof gegen eine Erwerbstätigkeit bzw. eine Abwesenheit der Mütter von ihrem Kind ausgesprochen hat, weil dadurch die Versorgung und die Entwicklung der Kinder leidet: „Auf die Erwerbstätigkeit der Frauen kann beim gegenwärtigen Stand der Industrialisierung nicht mehr verzichtet werden. Was dabei mit den Kindern geschehen soll, ist ein noch ganz und gar ungelöstes Problem. Dabei kann überhaupt nicht ehrlich darüber diskutiert werden, ob außerhäusliche Erwerbstätigkeit und Kleinkinderbetreuung vereinbar sind – sie sind es nicht. Selbst Omas und nette Nachbarinnen sind nur ein unzulänglicher Ersatz für die Mutter als ausschließliche Bezugsperson. Das ist in zahllosen Untersuchungen und Veröffentlichungen nachgewiesen worden, müßig darüber noch zu streiten. Das augenscheinlich Notwendige wäre: Freistellung für die Mütter kleiner Kinder von außerhäuslicher Berufstätigkeit für ein paar Jahre" (72, S. 43). Im gleichen Sinne schreibt auch der ostberliner Pädagoge Mannschatz: „Die Familie stellt für die Kinder das erste und in herausragendem Maße dauerhafte Kollektiv dar. ... Auf die Familie ist das Kind angewiesen. Das Kind bedarf der sozialen und damit der emotionalen Verwurzelung, der Geborgenheit in der Familie" (45 a).

Wenn Kinder nicht in einer Umgebung heranwachsen können, die ihnen Geborgenheit schenkt, so fehlt ihnen die wichtigste Voraussetzung zur inneren Ruhe und Ausgeglichenheit im Leben: Vertrauen. Man findet Vertrauen nicht einfach vor. Sondern die Fähigkeit, vertrauen zu können, setzt eine ungestörte Entwicklung des Menschen voraus; es setzt voraus, daß Kinder auch Vertrauen in ihre Eltern, in ihre Umwelt entwikkeln konnten!

„Nichts verbittert mehr als enttäuschtes Vertrauen. Dieses Urvertrauen ist die Voraussetzung für jede positive Einstellung zur Gesellschaft, für jede Fähigkeit der Identifikation mit einem Kollektiv, für jedes soziale Engagement. Ohne Vertrauen gibt es kein menschliches Leben, keine Freundschaft, Liebe, Ehe, auch keine psychotherapeutische Behandlung, kein Geschäftsleben, keine Wissenschaft und Kultur. Vertrauen auf Menschen, mit denen ich zu tun habe, auf Verhältnisse, mit denen ich arbeite, auf Dinge, auf die ich mich verlassen kann" (35, S. 507). Wo dieses Vertrauen nicht entstehen konnte, bleibt eine stete Sehnsucht danach, entsteht eine diffuse Unzufriedenheit, entsteht aber auch Haß auf die Personen und Lebensumstände, die verantwortlich waren für entstandenes

Mißtrauen, für die unbefriedigt gebliebene Sehnsucht nach Geborgenheit.

Solche Kinder und Jugendliche suchen dann später in Gruppen, was sie nie erfahren haben: Wärme, Sicherheit und Anerkennung. Je mehr dieses früher entbehrt wurde, um so stärker ist die Suche danach. Um so mehr sind Kinder und Jugendliche aber auch gefährdet, negativen Beeinflussungen zu verfallen. Sie sind gefährdet, abhängig zuwerden, nur weil man sie ein wenig nett behandelt. Da sie die Nähe und das Gespräch suchen, meinen sie, dort wo sie dieses erleben dürfen, seien auch die vertretenen Wertvorstellungen und Ideale richtig. Dies mag so sein, macht Jugendliche aber auch blind gegenüber ideologischen Verführungen.

Der jetzt 20jährige Martin war früher bei strengen Verwandten aufgewachsen, da seine Eltern beide einen kleinen Betrieb leiteten und sich um ihn daher nicht kümmern konnten. Wenn er zurückblickt, so fühlte er sich eigentlich immer allein. Auch heute hat er niemanden, bei dem er sich aufgehoben weiß. Manchmal ist er völlig verzweifelt: „Ich sehne mich so sehr nach Wärme. Ich sehne mich so nach Wärme, nach Liebe, nach Menschen." Martin kommt durch Zufall dann in Kontakt mit einer Gruppe von Hausbesetzern, die ihn zwar freundlich aufnehmen, aber auch sein Anlehnungsbedürfnis und seine Orientierungslosigkeit ausnutzen, um ihn nicht nur gegen seine Eltern, sondern gegen die Gesellschaft schlechthin aufzuwiegeln. Einige Monate später schreibt Martin in einem Brief: „Mein Problem ist der Staat. Der Staat ist schlecht. Er raubt die Freiheit, stört und vernichtet Menschen. Man muß gegen den Staat kämpfen, den Staat einschränken, einzwängen. Ich muß gegen den Staat kämpfen, sonst zerstört, zermalmt und vernichtet er mich. Es muß eine stärkere Macht da sein gegen den Staat. Das Recht muß größer sein als der Staat. Die Liebe muß größer sein. Wie kann ich stärker sein? Es gibt Menschen, die stärker sind, z. B. Stalin.

Ich muß gewinnen, auch wenn ich etwas gegen den Staat tue. Ich muß oben bleiben, ich will gewinnen. Die Arbeit ist doch so etwas Niederträchtiges, Verlogenes. Diese Anpasser, ein verlogenes Pack, die doch nur das alte System unterstützen! Ich möchte sein wie ein kleines Kind, die Mutter kümmert sich um das Kind, liebt es."

Martin hatte für seine Unzufriedenheit und seine Lebensschwierigkeiten eine Ursache gefunden: die Gesellschaft mit ihren Unzulänglichkeiten. Eine Änderung seiner inneren Probleme suchte er – unbewußt – durch eine Änderung gesellschaftlicher Bedingungen zu erreichen. Seine Verzweiflung war umgeschlagen in Aggression, nicht nur gegen seine Eltern, sondern gegen die Gesellschaft – schlechthin. So hilflos und verlassen von seinen Eltern er sich früher zu Hause fühlte, so allein gelassen fühlte er sich auch in seiner Ausbildung. Dem Mädchen aus der Hausbesetzerszene hatte er erstmals seit Jahren wieder Vertrauen geschenkt und ihr vertrauensvoll blind alles geglaubt, was sie ihm über die gesellschaftlichen Ursachen seines Leidens erzählte. Trotz seiner manipulierten Wut auf die Gesellschaft sieht er jedoch selbst den Grund seiner emotionalen Verzweiflung und Sehnsucht: „Ich möchte sein wie ein kleines Kind, die Mutter kümmert sich um das Kind, liebt es."

Alle reden vom Frieden, und jeder will ihn erhalten, doch indem wir unsere Kinder vernachlässigen, zünden wir damit eine Zeitbombe, welche Liebe zu Haß werden läßt.

Frühkindliche Vernachlässigungen unserer Kinder und die Abwertung der gesellschaftlichen Funktion der Familie führen letztlich zu Jugendproblemen und Problemen der inneren Sicherheit, von denen fraglich ist, ob sie mit der bisher geübten kurzsichtigen Zusammenhangsanalyse gemeistert werden können. Kinder und Heranwachsende, die den Zeitmangel ihrer Eltern als Gleichgültigkeit und Ablehnung ihnen gegenüber empfunden haben und sich benachteiligt fühlen, lassen sich sehr schnell gegen ihre Eltern – aber auch gegen die Gesellschaft überhaupt – aufhetzen und ideologisch ausnutzen. Wie sollen Heranwachsende Vertrauen zu anderen Menschen und der Gesellschaft, in der sie leben, entwickeln, wenn sie dort, wo Vertrauen entsteht, in der frühen Kindheit und in der Familie, dies nie kennengelernt haben?

Wenn Umweltschützer sich engagiert der Rettung des Waldes, dem sauren Regen, der Saubererhaltung der Nordsee und dem Erhalt von Biotopen widmen, so gebührt ihnen für diesen Schutz der Natur allergrößte Hochachtung. Aktionen von „Greenpeace“ zum Schutz der Robbenbabys oder zur Reinhaltung der Meere genießen höchste Publizität und erreichen in breiten Bevölkerungskreisen ein stärkercs Umweltbewußtsein. Was aber – so ist zu fragen – muß eigentlich erst passieren, damit endlich auch den Kindern von unserer Gesellschaft die ihnen gebührende Beachtung und Sorgfalt widerfährt? Wie hoch müssen die Kriminalitätszahlen noch ansteigen, bis die Belange der Kinder als Voraussetzung für die seelische Gesundheit eines Volkes die erforderliche Anerkennung finden? (Nähere Informationen zur Prophylaxe siehe Literatur 80 und Anschriften 5).

Es ist dringend an der Zeit, daß dieser gefahrvolle Regelkreis der Vernachlässigung der Kinder durch ein Umdenken, durch Prävention und Anerkenntnis der frühkindlichen Entwicklungsnotwendigkeiten gebremst wird. Die Kosten dieser frühen Versäumnisse werden sonst bald nicht mehr bezahlbar sein.

Mein Kind ist so aggressiv

„Du wirst mit mir auch nicht fertig“, triumphiert der knapp fünfjährige Udo und verkriecht sich mit dem blitzschnell von meinem Schreibtisch stibitzten Diktiergerät unter den Tisch. „Zu Hause“, seufzt seine Mutter, „muß ich auch den ganzen Tag hinter ihm her sein. Dauernd stellt er etwas anderes an, und folgen tut er überhaupt nicht. Stattdessen beschimpft er mich noch mit schlimmen Ausdrücken, die er vom Kindergarten und von der Straße mitgebracht hat.“ „Ärgern macht Spaß“, kommentiert Udo vorwitzig aus seinem Versteck hervor.

Udos Entwicklung verlief nicht ungetrübt. Als er 21 Monate alt war, hatten sich seine Eltern getrennt und später geschieden. Während sein Verhalten im ersten Lebensjahr nach Angaben der Mutter noch unauffällig gewesen sei, wäre er dann jedoch immer schwieriger geworden, als sich das Familienklima verdunkelte und das Zusammenleben der Eltern zunehmend mehr durch verletzende Auseinandersetzungen und kalte Gleichgültigkeit bestimmt wurde. Durch die Eheprobleme – die eigentlich von Anfang an bestanden hatten – sei die Mutter damals sehr belastet gewesen und habe nicht immer die Kraft gehabt, sich so um ihren Sohn zu kümmern, wie sie es gerne getan hätte. Udo sei heute sicher manchmal auch so lieblos, weil er früher einfach zu wenig Liebe bekommen habe. Damals – als er etwa zwölf Monate alt war – habe die Mutter auch wieder berufstätig sein müssen, und Udo wurde von den Großeltern versorgt.

Ein Wort sei an dieser Stelle eingefügt zur häufig – und aus der Sichtweise der Kinder auch zu Recht – kritisierten Berufstätigkeit von Müttern kleiner Kinder. So sicher es ist, daß die noch kleinen Kinder häufig unter den damit für sie einhergehenden Belastungen leiden, so falsch ist es aber, stets nur immer die *Mütter* für ihre Erwerbstätigkeit zu beschimpfen. Auch die *Ehemänner* dieser Mütter müssen sich fragen lassen, inwieweit sie nicht diese – durch die Abwesenheit der Mutter bedingten – Belastungen ihrer Kinder mitzuverantworten haben. Noch immer glauben manche Väter, sich nach einer Scheidung für den Bereich der Erziehung ihrer Kinder nicht mehr verantwortlich fühlen zu müssen. Warum aber fühlen sich auch in vollständigen Familien viele Mütter daheim mit ihren Kindern nicht zufrieden? Nicht immer ist es ja die finanzielle existentielle Not der Familie, die den Müttern gar keine andere Wahl läßt, als ebenfalls erwerbstätig zu werden, auch sie in den Beruf zwingt.

Achtet vielleicht mancher Vater die Aufgabe der Erziehung nicht doch etwas zu gering als daß seine Frau auch in dieser Tätigkeit jene Befriedigung erfahren könnte, die sie sich von einer außerhäuslichen Berufstätigkeit erhofft? Vielleicht würde etwas mehr Achtung und Wertschätzung auch von seiner Seite manchen Streit und manche Trennung bei Partnern vermeiden helfen?

Betrachten die stolzen Väter das, was die Mütter zu Hause leisten, nicht häufig doch als etwas allzu Selbstverständliches, worüber sich kein Wort zu verlieren lohnt? Probleme in der Erziehung wissen sie andererseits jedoch in der Regel um so schneller zu erspähen und weisen unbarmherzig mit spitzem Finger auf diesen oder jenen Fehler hin, der ihnen natürlich selbstverständlich nie unterlaufen wäre. Große Befriedigung dürfte ein derartiges Verhalten bei den in der Regel doch bemühten Müttern kaum hinterlassen. Und wen wundert's, daß sie sich als schützenden Ausweg einen eigenen, außerhäuslichen Bereich aufbauen, in den ihnen zumindest ihr Ehemann nicht mehr dreinreden kann, sie sich andererseits aber endlich einmal in ihrem Tun anerkannt fühlen. Dann kann wenigstens im häuslichen Bereich nicht länger ihnen allein jede vermeintliche Fehlentwicklung in die Schuhe geschoben werden, ist das Zusammenleben zumindest von diesem Zankapfel befreit.

Nichtsdestoweniger wurde eine häufigere Konfliktbesetztheit von Partnerschaften, in denen die Mutter mitarbeitet, in wissenschaftlichen Untersuchungen bestätigt: „Bei Berufstätigkeit der Mutter liegt häufiger ein Rangkonflikt in ihrer Ehe vor als bei Nichtberufstätigkeit. Offensichtlich steht also Berufstätigkeit von Müttern in Zusammenhang mit ehelichen Konflikten" (40, S. 101).

Man sollte auch die generative Verantwortung eigenen Handelns nicht vollständig aus dem Blickfeld verdrängen und sich bewußt sein, daß die Art und Weise, wie ein Kind behandelt wird, Auswirkungen hat auf dessen späteres Verhalten als Erwachsener: „Wenn die Mutter in ihrer Kindheit einen Elternverlust erlebt hat, ist die Wahrscheinlichkeit, daß sie später berufstätig wird, während ihre Kinder noch klein sind, erheblich größer, als daß sie nicht berufstätig wird" (40, S. 83).

Natürlich ist die eheliche Zuneigung nicht immer gleich derart beeinträchtigt, daß sie zur Trennung der Partner führt. Gerade deshalb aber ist es sinnvoll, sich zu fragen, ob nicht die eine oder andere Entwicklung in Richtung auf eine fröstelnde Gleichgültigkeit rechtzeitig besprochen und gemeinsam aus dem Wege geräumt werden könnte. Möglicherweise hellt sich zwar das eheliche Klima durch die „berufliche Anerkennung" der Mutter auf. Der Entwicklung der noch kleinen Kinder ist ihre Abwesenheit in der Regel jedoch abträglich. Auch das Argument, daß erwerbstätige Mütter durch die Zufriedenheit im Beruf ihren Kindern eher gerecht würden, sticht nicht: „Kinder zufriedener Nur-Hausfrauen waren in ihrer Entwicklung günstiger dran als die Kinder zufriedener berufstätiger Mütter" (102).

Auch im Fall von Udo hatten die zunehmenden Auseinandersetzungen mit dem Ehemann – die sich häufig schon an Kleinigkeiten in der Erziehung entzündeten – die Mutter quasi die Flucht ergreifen lassen: fort von zu Hause, hinein in den Beruf. Da Udo als Folge dieser Entwicklung während der Woche bei seinen Großeltern versorgt wurde, verloren die Eltern allmählich mehr und mehr den Zugang zu ihrem Sohn. Vor allem aber verlernten sie es, ihn und seine Signale, seine Ausdrucksweise zu verstehen. Ein spärlicher Kontakt am Wochenende reicht eben nicht im mindesten aus, um sein Kind auch gefühlsmäßig wirklich verstehen zu können. Udos Eltern unternahmen zwar regelmäßig viel an den Wochenenden, aber irgendwie war es doch immer „Programm", das ablief, ohne daß sie die Nuancen des Fühlens und Empfindens in Muße hätten wahrnehmen können. Innerlich entfernten sich beide Eltern dadurch immer mehr von ihrem Sohn, wodurch sie ihn schließlich in ihren verkopften (53) Kategorien von „das Kind sollte" und „das Kind muß" gefühlsmäßig überhaupt nicht mehr verstanden. Die gestrandete Ehe tat das ihrige dazu, Empfindungen erkalten zu lassen.

Auch noch nach der später erfolgten Scheidung und erneuter Heirat, nachdem also Udo längst wieder zu Hause wohnte und seine Mutter nach der Geburt eines weiteren Kindes ihre Berufstätigkeit aufgegeben hatte, blieb ihr ein emotionaler Zugang zu ihrem Kind noch für lange Zeit versperrt. Besonders fiel ihr das im Vergleich zu ihrem zweiten Kind auf, um das sie sich durchgehend selbst gekümmert hatte: „Den Sebastian kenne ich irgendwie viel besser als Udo. Ich versuche zwar, auch Udo freundlich und liebevoll zu behandeln, aber oft verstehe ich ihn einfach nicht, und dann habe ich auch keine Geduld mit ihm."

Udo seinerseits spürte diese Unsicherheit seiner Mutter und nutzte sie weidlich aus. Nicht aber, weil er dadurch seine Mutter bewußt ärgern und ihr weh tun wollte, sondern um durch sein auffälliges und sein sie nervendes Verhalten unbewußt darauf aufmerksam zu machen, daß er sich zu kurz gekommen fühlte.

Zwar bekam er aufgrund seines negativen Verhaltens auch eine Art von „Zuwendung", doch meistens wiederum eigentlich nur im negativen Sinne: in Form von Zurechtweisungen, Verboten, Schimpfen und Strafen. Und Udo schien bei dieser strapaziösen Kommunikation offenbar eine längere Ausdauer zu haben. Denn während seine Mutter erschöpft zu verstehen gab, daß sie „fix und fertig und mit den Nerven am Ende" sei, feixte Udo fröhlich unter dem Tisch: „Das Schönste was es gibt, ist Ärgern."

Zu Hause – so berichtete die Mutter – befolge Udo praktisch

keine Aufforderungen. Er könne sich kaum konzentrieren und länger mit einer Sache beschäftigen, verfüge infolgedessen auch über keinerlei konstruktives Spielverhalten. An eine Einschulung zum Herbst – das sahen auch die Eltern ein – war nicht im mindesten zu denken.

Dem Stiefvater fiel der Zugang zum Kind glücklicherweise leichter. Unvoreingenommen – ohne die Erfahrung der belastenden Jahre zuvor – gelang es ihm eher, auf Udo zuzugehen. Auf vielen Spaziergängen und gemeinsamen Unternehmungen an den Wochenenden hatte er ihn nach und nach verstehen gelernt, wenngleich auch er häufig genug seine liebe Last mit ihm hatte. Doch dies war ein Ansatz: Wir nahmen Vater und Sohn für einige Zeit stationär in unsere Klinik auf, um im Schutz der Klinik die bereits vorhandenen Ansätze einer positiven Beziehung weiter festigen und aufbauen zu können. Gleichzeitig war dies für die Mutter auch eine langersehnte Ruhepause von den häufigen Auseinandersetzungen. Udo lernte in dieser Zeit, was Konsequenzen sind, wie schön Belohnungen sein können, und daß ein Zusammenleben auf Geben und Nehmen beruht und jedes Familienmitglied auch verzichten können sollte, damit nicht nur die eigenen, sondern auch die Wünsche der Eltern und Geschwister Erfüllung finden.

Es war nicht einfach für Udo gewesen, allmählich seine beanspruchte, aus dem Gefühl des Zu-kurz-Gekommenseins entstammende Mittelpunktstellung aufzugeben und zu akzeptieren, daß seine Familie sich nicht allein von seinem Dickkopf dirigieren ließ. Viele „Streicheleinheiten" und viel Lob waren erforderlich, bis er schließlich die Erfahrung annehmen konnte, daß er „ohne wenn und aber" von seinen Eltern akzeptiert wurde. Er fühlte sich wieder geliebt, aufgehoben und angenommen und konnte zufrieden sein, ohne in getriebener Unruhe nach Anerkennung zu heischen.

Viel Zeit und Geduld hatte es auch die Eltern gekostet, ganz allmählich mit Hilfe von Spielen und gemeinsamen Tätigkeiten bei ihrem Sohn wieder mehr Ausdauer, Konzentrationsfähigkeit und Durchhaltevermögen wachsen zu lassen. Zwar gab es zwischendurch immer noch einmal Rückfälle, doch nach einem Jahr intensiver Arbeit war das Gröbste geschafft. Die Familie lebte wieder auf, und Udo besuchte die erste Volksschulklasse. Dabei waren die Eltern so bescheiden, diese Heilung nicht allein ihrer eigenen Tüchtigkeit zuzuschreiben, sondern sie sahen es durchaus auch als ein Geschenk an, daß wieder Frieden in ihre Familie eingekehrt war.

Vielleicht wäre es überhaupt sinnvoll, seinen Kindern gegenüber – aber auch gegenüber dem Ehepartner – häufiger und etwas mehr dankbar zu sein und sich der Gnade der relativen Unbeschwertheit des Zusammenlebens bewußt zu werden und dies zu genießen. Mangelndes Bewußtsein davon läßt manchmal auch leicht undankbar werden.

Es ist sicher notwendig und unumgänglich, daß auch Politiker lernen, wie wichtig die Familie für die Entwicklung von Kindern und letztlich die seelische Gesundheit eines Volkes ist. Ein hinreichendes Familiengeld z. B. könnte vielen Familien die materielle Grundlage erhalten, ohne die Mütter in eine außerhäusliche Erwerbstätigkeit zu zwingen und dadurch den Kindern die so wichtige, beständige Betreuung durch die eigenen Eltern erhalten. Gleichermaßen notwendig ist es aber, daß auch die Ehepartner gewillt sind, an sich selbst und der Erneuerung ihrer Partnerschaft beständig zu arbeiten, damit Eltern nicht nebeneinander herleben, sondern in gegenseitiger Achtung sich und ihre Kinder tagtäglich aufs neue lieben.

Großeltern, Tanten und andere „Miterzieher“

Oftmals wird heute der früheren Großfamilie nachgetrauert und man versucht, deren Vorzüge – in Ermangelung anderer Realisierungsmöglichkeiten – z. B. durch Wohngemeinschaften neu zu beleben. Auf der anderen Seite bereitet das Zusammenleben mehrerer Generationen unter einemDach häufig doch größere Schwierigkeiten, als ursprünglich vorhergesehen wurde.

Tobias z. B. wohnt mit seinen Eltern und Großeltern zusammen in einem Haus. Da beide Eltern berufstätig sind, wird er weitgehend von den Großeltern erzogen, die sich ihres Enkelkindes gerne annehmen. Leider kommt es jedoch nicht selten zu Meinungsverschiedenheiten und Auseinandersetzungen über den richtigen Weg in der Erziehung von Tobias, da Eltern und Großeltern darüber allzu oft einander widersprechende Vorstellungen haben. So bestanden z. B. schon früher unterschiedliche Auffassungen über die Art und Weise der Ernährung: Während die Eltern es für richtig hielten, daß Tobias bei den Mahlzeiten nur entsprechend seinem Appetit zu essen brauchte, hatte die Oma andererseits ihm nicht nur früher die „Flasche“, sondern später stets immer den „Teller“ eingetrichtert. Auch dann, wenn Tobias infolge Überfütterung schon erbrochen hatte.

Später war dann das Selbständigwerden von Tobias ein Problem: Während sich seine Eltern bemühten, ihn daran zu gewöhnen, zunehmend mehr Dinge allmählich allein und selbständig zu erledigen, fiel die überbesorgte Großmutter diesen Bemühungen in den Rücken: weil es ihr sonst zu lange dauerte, zog sie auch den sechsjährigen (!) Tobias noch regelmäßig an und aus.

Keineswegs soll hier der Eindruck erweckt werden, als seien allein die Großeltern immer „die Bösen". Wenn jedoch unter der Obhut von Großeltern Probleme in der Erziehung auftreten, sind es typischerweise solche der hier beschriebenen Art. Andererseits haben es die Eltern von Tobias leicht, klug daherzurden, und strenggenommen steht ihnen dies überhaupt nicht zu: Sie sind den ganzen Tag über nicht da und überlassen die Erziehungsarbeit allein den Großeltern.

Der Grund, weswegen die Eltern mit Tobias in die Sprechstunde kamen, war– seine Unselbständigkeit. Schon bei den geringsten Schwierigkeiten gäbe Tobias immer leicht auf. Weil er sich gar nichts zutraue, habe er immer Angst, daß er alles falsch mache, berichtet die Mutter. Auch in der Schule sei Tobias nach Angaben der Lehrerin unfähig, ohne nachbarliche Unterstützung eine Arbeit zu Ende zu führen. Mit dem Arbeitstempo der Klasse könne er nicht mithalten. Seine Unselbständigkeit gehe zum Teil so weit, daß die Großmutter mit in die Klasse komme, um ihm Hefte und Schreibzeug zurechtzulegen. Vor allem aber sind die Eltern auch besorgt darüber, daß Tobias auf überhaupt nichts verzichten könne und sich sogar beim Einkaufen häufig in den Geschäften auf den Boden werfe, wenn er nicht haben könne, was er wolle.

Die Passivität und Unselbständigkeit von Tobias sind nun sicher nicht allein den Erziehungsbestrebungen der im Grunde bemühten Großmutter anzulasten, sondern Erziehungsfehler bereits in den ersten Lebensjahren hatten spätere Verhaltensprobleme begünstigt (80). Darüber hinaus hatten die späteren Meinungsverschiedenheiten im erzieherischen Vorgehen zwischen Eltern und Großeltern dem Jungen kaum eine Chance zum Selbständigwerden gelassen: Hin- und hergerissen zwischen den grundverschiedenen Erziehungsvorstellungen zweier Generationen, hatte er schließlich gelernt, sich bedienen zu lassen, zumal die Großmutter aus Ungeduld oder Verzweiflung ihm ja ohnehin alles abnahm. Die Versuchung für Tobias in dieser Situation war groß, Eltern und Großeltern gegeneinander auszuspielen und jeweils den Weg des geringsten

Widerstandes zu wählen. „Im Wohlstand aufgewachsen, sind die sattgegessenen Söhne und Töchter auch durch Bequemlichkeit in ihrer Leistungsfähigkeit beeinträchtigt" (89).

Diese Uneinigkeit der verschiedenen Bezugspersonen erschwert die Erziehung vor allem deshalb, weil Tobias letztlich lernt, daß man eine Anordnung nicht befolgen, sondern diese in erster Linie in Frage stellen und darüber eine Diskussion beginnen muß, um Unangenehmem vielleicht doch noch ausweichen zu können. Nur allzu leicht entstehen daraus nicht enden wollende, vor allem aber wenig fruchtbare und die Autorität der Erzieher untergrabende Diskussionen: Man redet schließlich über „Gott und die Welt". Vom ursprünglichen, eigentlichen Anlaß aber und von dem, was Tobias erledigen sollte, werden die Eltern geschickt abgelenkt. Stets erneut geführte – aber bereits längst durchdiskutierte – Grundsatzdebatten erleichtern Kindern nicht die Orientierung, werden aber oft dazu mißbraucht, um Konsequenzen ausweichen zu können. Eine Orientierung an Erlaubtem und Verbotenem wird dadurch für Kinder jedoch keineswegs leichter. Erziehung findet zunächst immer nur im ganz konkreten, alltäglichen Bereich statt.

Selbstverständlich sind erzieherische Maßnahmen dem Kind gegenüber zu begründen. Doch sollte eine Erinnerung an bereits früher vorgenommene Erklärungen genügen und nicht die immer gleiche Diskussion ständig wieder erneut begonnen werden. Kinder sind leichter zu führen, wenn die Eltern auch *handeln* und nicht immer nur reden!

Miterzieher, seien es nun Großeltern, Tanten oder Kindermädchen sollten über die von den Eltern vertretenen Erziehungsmaßnahmen informiert und gebeten werden, sich ebenfalls innerhalb dieses vorgegebenen Erziehungsrahmens zu bewegen und nicht alles wieder ganz anders zu machen. Doch werden die Schwerpunkte erzieherischer Kompetenz sich zwangsläufig auch daran orientieren müssen, bei wem sich die Kinder zeitlich länger aufhalten. Werden die Enkel beispielsweise überwiegend bei den Großeltern betreut, wird zwangsläufig ihre persönliche Art und Weise der Erziehung dominieren.

Großeltern und Urgroßeltern sollen nun andererseits den

Enkeln gegenüber nicht lediglich nur als verlängerter Arm der Eltern auftreten dürfen. In begrenztem Rahmen – besonders wenn die Kinder jeweils nur besuchsweise bei ihnen sind – dürfen die Enkel und Urenkel bei ihnen durchaus auch etwas verwöhnt werden. Diese „Verwöhnung in gutem Sinne“ sollte den Kindern jedoch eher in Form von mehr Zuwendung, mehr Zeithaben, Erzählen und Vorlesen zugute kommen, ohne daß in strittigen Erziehungsfragen die Autorität der Eltern durch entgegengesetzte Vorgehensweisen beeinträchtigt würde. Es ist grundsätzlich sinnvoll, wenn die Eltern und Großeltern – in Abwesenheit der Kinder allerdings – miteinander besprechen, welche erzieherischen Maßnahmen sinnvoll sind und welche Konzepte besser an den eigenen Kindern nicht ausprobiert werden sollten. Dabei hat sich gezeigt, daß „die Alten“ viel eher auch bereit sind, sich gemäß den Erziehungswünschen der Eltern zu verhalten, wenn auch ihr weiser Rat und ihre Lebenserfahrung angehört und bedacht werden, anstatt von vornherein den eigenen Eltern oder Schwiegereltern kurzsichtig und überheblich eine frühzeitige Verkalkung nachzusagen. Streit und Uneinigkeit und manche gegenseitige Kränkung infolge Rechthaberei auch unter den Erwachsenen könnten zu einem großen Teil unterbleiben, wenn auch hier wechselseitige Achtung und Liebe überwiegen würden. (Weiterführende Literatur siehe [58])

Tobias konnte geholfen werden, weil Eltern und Großeltern mit Hilfe des Therapeuten wieder lernten, sich nicht gegenseitig den guten Willen und die Fähigkeit zur Erziehung abzusprechen. Eine größere Übereinstimmung in der Erziehung wurde auf diese Weise wieder möglich.

Vor allem hatten beide Seiten gelernt, sich nicht gegenseitig ständig bevormunden und Vorschriften machen zu wollen.

Auch in Kindergarten und Schule begegnen wir „Miterziehern“, die unsere Kinder sowohl positiv als auch negativ beeinflussen können. Es ist daher sicher sinnvoll, das Gespräch und den Kontakt zu diesen Einrichtungen frühzeitig zu pflegen, damit bei Fragen gleich welcher Art jederzeit ein Gespräch kurzfristig und unkompliziert möglich ist. Im Interesse ihrer Kinder dürfen sich Eltern aber ruhig gegen fragwürdige

Erziehungsmaßnahmen verwahren; wenn z. B. im Kindergarten Hellmut ein Pflaster auf den Mund geklebt wird, weil er nach Meinung der Kindergärtnerin allzu oft ungefragt dazwischen redet; oder wenn in der Schule Antje und ihre Mitschüler jede Woche von der Lehrerin an einen anderen Platz gesetzt werden mit der Begründung, daß „die Kinder keine enge Bindung zueinander aufbauen sollen“. Diese getroffenen Maßnahmen stehen weder Kindergärtnerinnen noch Lehrern zu, und Eltern sollten ihre Kinder wachsam vor derartigen Übergriffen und Erziehungsexperimenten beschützen. Wenn Eltern sich mit Gleichgesinnten zusammenschließen, ist der Protest oft wirkungsvoller. Man sollte nicht von vornherein die Hoffnung aufgeben, doch etwas bewirken und ändern zu können.

Manchmal wird auch ein Erziehungsauftrag als ideologisches Experimentierfeld mißbraucht. Wer mit dem Slogan „Erziehung – nein danke“ die gescheiterte antiautoritäre Erziehungswelle von gestern wieder aktualisieren möchte, hat entweder die Verhaltensstörungen dieser damals auf den „Ego-Trip“ geschickten Kinder niemals gesehen oder mißbraucht gezielt seinen Einflußbereich, um bewußtseinsverändernd die ihm anvertrauten Kinder gegen die eigenen Eltern aufzuhetzen.

Es dürfte ebenfalls sehr angebracht sein, sich zumindest gelegentlich auch für den Lesestoff der eigenen Kinder zu interessieren. Was da „meinungsbildend“ an Kinder und Jugendliche herangetragen wird, ist zum Teil mehr als abenteuerlich. So sieht eine große Jugendzeitschrift eine ihrer Aufgaben offenbar darin, die Kinder zum aufmüpfigen Protest gegen ihre Eltern aufzuwiegeln. Unter dem Thema „Was dürfen Dir Deine Eltern verbieten?“ werden eingehend die „Rechte der Kinder gegen ihre Eltern“ dargelegt und schon allein Hausarrest als eine „entwürdigende Erziehungsmaßnahme“ deklariert. Um etwas gegen seine Eltern durchsetzen zu wollen, könne man auch zum Jugendamt gehen, so erfährt man dort, das dann evtl. einen Rechtsanwalt beauftragen werde, dem Heranwachsenden seinen Eltern gegenüber zu seinem Recht zu verhelfen. „... Du kannst notfalls sogar Deine Eltern anzeigen“ (4a, S. 8). Wenn „schlagkräftige“ Argumente angeführt werden können, könne der Jugendrichter auch darüber entscheiden, „ob Dir das Wohnen im elterlichen Haus zugemutet werden kann“ (4a, S. 11).

Hier werden bei Kindern und Jugendlichen nicht nur Anspruchsbewußtsein und Rechthaberei gezüchtet, sondern gefühlsmäßige Familienbindungen werden auf das Niveau einer Verpflichtung zum Unterhalt durch die Eltern herabgezerrt.

Es dürfte sehr sinnvoll sein – bereits vor der Pubertät – in vielen Gesprächen seinen Kindern diese manipulative und familienzerstörende Absicht immer wieder neu verständlich zu machen. Wenn Kinder gelernt haben, potentielle Gefahren zu erkennen, können sie sich möglichen negativen Einflüssen auch besser entgegensetzen.

Die Droge im Wohnzimmer

„Was machst Du denn so nachmittags?“ erkundigte ich mich beiläufig während der Untersuchung des achtjährigen Thorsten. „Erst mache ich meine Hausaufgaben, und dann tu' ich fernsehen“, kommt es prompt zurück. „Und am Abend?“ frage ich nach. „Da schau' ich dann zusammen mit dem Papi. Der tut auch immer gern fernsehen.“

Etwa 15 Millionen Fernsehgeräte gibt es in der Bundesrepublik. Drei bis vier Millionen Kinder gucken täglich in die Röhre (13). Das sind 83% aller Kinder, die täglich fernsehen. 45% der Kinder befinden sich während des Werbefernsehens in der Zeit zwischen 18 und 20 Uhr vor dem Bildschirm. Nach 20 Uhr sitzt jedes fünfte Kind sogar noch allein vor dem Fernsehapparat. Mit einer durchschnittlichen Sehdauer von ein bis eineinhalb Stunden verbringen vor allem Schulkinder einen beachtlichen Teil ihrer Freizeit vor dem Fernsehapparat.

In einer Studie hielten 89% der befragten sechs- bis zehnjährigen Kinder das Fernsehgerät für das unentbehrlichste Haushaltgerät (37). Fängt das Fernsehen unbemerkt an, das Eigenleben des Kindes und das Familienleben zu ersetzen?

Thorsten war von seinen Eltern vorgestellt worden, weil er in seinen schulischen Leistungen im vergangenen halben Jahr so sehr abgesackt und nach ihrem Eindruck fahrig und nervös geworden war. Nun hatte es einen Fernsehapparat schon immer in der Familie gegeben, doch zwei Ereignisse in der Familie hatten diesem Medium eine besondere Vorrangstellung eingeräumt: Da war das 25jährige Dienstjubiläum des Vaters gewesen, aus dessen Anlaß ihm ein Videorecorder als Präsent überreicht worden war. Und da war zum anderen kurze Zeit danach Thorstens Geburtstag gewesen, zu dem sich die Eltern hatten breitschlagen lassen, ihrem Sohn ein Steuergerät für Videospiele zu schenken.

Verständlicherweise wurden diese neuen Errungenschaften in der Folgezeit intensiv genutzt, um sich mit allen ihren Möglichkeiten vertraut zu machen. Doch dann schaffte die Familie nicht den Absprung in die notwendige Distanz zu diesem Medium und verfiel der Fernsehsucht. Immer neue Kassetten brachte der Vater übers Wochenende aus dem Videoshop um die Ecke mit nach Hause. Wenn man schon so ein Gerät habe – rechtfertigte er sein Handeln –, müsse man dies auch ausnutzen. Und überdies sei die Ausleihe ja viel billiger als ein Kinobesuch mit der ganzen Familie. „Die guten Spielfilme kommen sicher auch der Bildung meines Sohnes zugute", fügte er ergänzend hinzu.

Aus anderen Studien geht hervor, daß zwischen dem Fernsehkonsum der Eltern und dem ihrer Kinder eine enge Beziehung besteht. Eltern rechtfertigen häufiges Fernsehen ihrer Kinder oft damit, ihre Kinder würden auf diese Weise Nützliches für die Schule oder ihr Leben lernen. Das tatsächliche Verhalten der Kinder sieht jedoch anders aus: Sie sehen ausschließlich fern, um sich zu unterhalten und weil es ihnen Spaß macht, und nicht, weil sie belehrt werden oder etwas Neues erfahren wollen. „Fernsehen bei Schulkindern bewirkt keine Verbesserung des Sachwissens in Geistes- oder Naturwissenschaften, und Kinder, die häufig fernsehen, sind auch nicht besser über aktuelle Tagesereignisse informiert als Kinder, die selten fernsehen (37, S. 102).

Leider steht auch für viele Mütter und Väter werktags das Fernsehen als Freizeitbeschäftigung an erster Stelle. Wenn die Väter abends heimkommen, sehen sie lieber fern, als mit ihren Kindern zu spielen. Drei Viertel der „gemeinsamen Beschäftigung" innerhalb der Familie besteht aus Fernsehen. Während dieser Zeit wird überdies meist geschwiegen. „Ob ein Kind seelisch mehr oder weniger gesund ist, bestimmt in hohem Maß, wieviel es fernsieht, was es sich anschaut und wie es das Gesehene verarbeitet" (37, S. 29). Dies bedeutet, daß Kinder mit seelischen Problemen in erhöhtem Maß für Fernsehkonsum anfällig sind. Dadurch wiederum verstärken sich jedoch ihre Probleme: Viele Untersuchungen stellten einen Zusammenhang zwischen Verhaltensstörungen und der Menge des Fernsehkonsums fest. Viel fernsehende Kinder waren emotional unsicher und schlecht angepaßt. Sie zeigten weniger Ausdauer beim Spiel und konnten weniger lang bei einer Beschäftigung bleiben. „Weiter hatten sie eine schlechte Beziehung zu sich selbst, zu Familienmitgliedern und Freunden, sie neigten zu Angstzuständen und wegen ihrer Kommunikationsschwierigkeiten zu aggressivem Verhalten und zu Depressionen“ (37, S. 29).

Kinder mit gestörten Beziehungen zu sich und ihrer Umwelt sahen besonders gern Filme an, in denen es gewaltsam zuging. „Je stärker Kinder unwirkliche Programme, wie Cartoon- und Science-Fiction-Filme, bevorzugten, um so mehr Symptome von Verhaltensstörungen wurden festgestellt“ (37, S. 29).

57% der Videokassetten bestehen aus Horror-, Porno-, Kriegs- und Actionkassetten. Hinzu kommen 25% harte Abenteuer-, Krimi- und Westernfilme (65). Es ist ein Irrglauben anzunehmen, daß die eigenen Kinder – wenn die Filme schon im Haus sind – sich keinen Zugang zu ihnen zu verschaffen wüßten. Keine Freiwillige Selbstkontrolle (FSK), kein Jugendschutzgesetz schützen die Heranwachsenden vor der totalen Medienfreiheit – es sei denn die Eltern. Die Videoverleiher bieten mit der Mehrzahl ihrer Kassetten Programme an, die keine bundesdeutsche Rundfunkanstalt ausstrahlen dürfte: „Tierartige Ungeheuer, zerfleischte Menschen, sadistisch gequälte Frauenleiber sind die Faszination dieser schauerlichen ‚Kultur‘. Es werden Absurditäten gezeigt, die sich die meisten Menschen gar nicht vorstellen können. In den TV-Haushalten mit Video-Recordern gewinnt ein neues Spiel an Beliebtheit: Jungen und Mädchen, viele kaum älter als zehn Jahre, schauen sich gemeinsam den neuesten Video-Horror an. Wer am längsten hingucken kann, gilt als der Mutigste. Eine Vielzahl von Cassetten ist auf dem Markt, dessen Inhalt offensichtlich geeignet ist, Kinder und Jugendliche sozialethisch zu desorientieren und sittlich zu gefährden“ (65, S. 9/10).

Viele Kinder flüchten sich auch in die Ablenkung durch das

Fernsehen, weil sie mit sich selbst kaum noch etwas anzufangen wissen. Statt ihre Umwelt selbst zu erforschen, lernen Kinder nur noch aus „zweiter Hand". Auch das Bedürfnis der Kinder, sich zu bewegen und auszutoben, wird vernachlässigt. Die Kinder gewöhnen sich daran, sich berieseln zu lassen; die eigene Phantasie verkümmert. Verbreitete Folgen eines übertriebenen Fernsehkonsums sind Kopfschmerzen, Konzentrationsschwäche und Haltungsschäden.

Auch soziale Kontakte und Auseinandersetzungen mit Gleichaltrigen treten in den Hintergrund. „In dem Maße, wie die Steuerung durch das Fernsehen von außen zunimmt, verlieren Eltern, Geschwister, Freunde und Verwandte an Einfluß auf das kindliche Lernen und Verhalten" (37, S. 101).

Obwohl viele Eltern sich zunehmend bewußter der Erziehung ihrer Kinder widmen, haben sie den Rivalen im Wohnzimmer bisher kaum ernstgenommen. Das Fernsehen – so behauptet der Medienwissenschaftler Neil Postman (68) – bringe die Kindheit zum Verschwinden. Das Medium der totalen Enthüllung beseitigt alle Geheimnisse. Ein Rausch von Bildern betäubt das Denken. Die flimmernde Droge ist Gift, aber nicht nur für unsere Kinder. „Fernsehen macht traurig", überschrieb Elisabeth Noelle-Neumann das Ergebnis einer Allensbach-Umfrage. Vor allem aber macht es passiv und träge.

Auch Thorsten war am Nachmittag kaum mehr zur aktiven Freizeitbeschäftigung zu bewegen. Mißmutig wies er Versuche der Eltern, seinen Fernsehkonsum einzuschränken, von sich: „Die anderen in der Klasse dürfen viel mehr sehen als ich." Da seine Mutter am Nachmittag auch viel mit den kleinen Geschwistern zu tun hatte, blieb es bei der guten Absicht, und der Fernseher lief weiter. Die Familie war auf dem besten Wege, „amerikanischen Verhältnissen" zuzusteuern. „Wer – wie in den USA – bereits im Alter von drei Jahren fernzusehen beginnt, mit 18 seine 1600 TV-Stunden absolviert und dabei pro Woche 1000 Werbespots konsumiert hat, erfüllt alle Voraussetzungen, um sich zum seelischen Analphabeten zu entwickeln" (41).

Da der „Untermieter mit dem viereckigen Auge" (41) zudem in der Mehrzahl der bundesdeutschen Familien im besten Logisplatz – im Wohnzimmer – einquartiert wurde, wird der ständige Aufforderungscharakter durch seine Anwesenheit nicht selten unerträglich. Stellt ein Mitglied der Familie den Kasten an, sind die übrigen gezwungen, ebenfalls zu sehen. Meistens tun sie das dann auch. Das Gespräch verebbt, die schulischen Leistungen auch.

Keine Abhilfe, sondern eine zusätzliche Überforderung bedeutet es für Kinder, wenn ein altes Fernsehgerät als Zweit- oder Drittgerät im Kinderzimmer installiert wird. Die Erfahrung zeigt, daß Kinder im verantwortlichen Umgang mit diesem Medium überfordert sind. Verschenken Sie das Gerät lieber, als ihr Kind ins Schlaraffenland der passiven Erwartungshaltung zu locken. Bewährt hat sich auch, den Fernseher im Wohnzimmer mit einem sog. „Schloßschalter" (erhältlich im Elektrohandel) gegenüber den Fernsehwünschen der Kinder abzusichern.

Mit Bildschirmtext und ins Haus stehender Verkabelung werden die Kinder einer noch größeren Verführung ausgesetzt werden. „Mehr und mehr Programme werden den Fernsehkonsum nicht steigern", beteuern zwar die Anhänger der neuen Medien. Dies gilt jedoch allenfalls für Erwachsene. In Ländern mit zahlreichen Fernsehprogrammen sind die Kinder Dauerparker vor der Glotze geworden (41). Aber die Familien werden auch nicht gefragt. Mit dem Problem ihrer fernsehsüchtigen Kinder müssen sie allein fertigwerden. „Eine von der Bundesregierung eingesetzte Kommission hat zwar festgestellt, daß kein Bedürfnis nach weiteren Programmen besteht. Aber mit Bedürfnissen ist das so eine Sache: Gibt es keine, dann muß man welche schaffen" (41).

Will man aus Verantwortung die bisherigen Sehgewohnheiten seiner Kinder einschränken, wird man sich auf erheblichen Protest gefaßt machen müssen. Doch nur, wenn man diese Phase konsequent durchsteht, werden die Kinder wieder zu mehr eigener Aktivität, Phantasie und Gestaltungsfreude zurückfinden. *Eine* Fernsehsendung – von maximal einer Stunde – pro Tag ist mehr als genug! Und am Abend – außer bei gelegentlichen Ausnahmen – sollten Kinder überhaupt nicht fernsehen. Ein gemeinsames Spiel in der Familie bekommt allen Beteiligten hundertmal mehr!

Voraussetzung für diese Vorgehensweise ist jedoch, daß man den Kindern eine Alternative anbietet. Basteleien, ein Ausflug oder sportliche Aktivitäten können vom Kind dann als konstruktive Alternative akzeptiert werden. (Konstruktive Anregungen für eine sinnvolle Freizeitbeschäftigung s. a. Anschriften 4)

Wenn wir erhoffen, daß Kinder einmal schöpferisch und fleißig mit ihrem Leben zufrieden sein werden, sollte man ihnen diese konstruktive Weltzuwendung nicht durch eine Erziehung zur Passivität verbauen. Auch wenn dieser Weg für Eltern mühsamer ist und mehr Aktivität auch von ihnen verlangt, führt die Einschränkung der Dauerberieselung doch letztlich zu einer unvergleichlichen Bereicherung des Familienlebens.

Frühsexualisierung

„Seit einem Jahr mach' ich mit meiner Freundin Petting", erzählt Peter freimütig. „Sie ist 13 Jahre alt, genauso alt wie ich. Ungefähr zwei bis drei Mal in der Woche machen wir das. Wir sind zusammen in Sexfilme gegangen und haben das dann nachgemacht. Ich brauch' die körperliche Liebe."

Peter lebt seit eineinhalb Jahren in einem Heim. Seine Entwicklung spiegelt beispielhaft die Gefahr der Verwahrlosung wider, der Kinder ausgesetzt sind, die in der Familie keine Geborgenheit erfahren können, sondern statt dessen von ihren arbeitenden Eltern irgendwo abgegeben und allein gelassen werden: Nach einer ersten Zeit der Krippenunterbringung kam Peter später in eine Tagespflegestelle, schließlich in den Ganztagskindergarten, seit Schulbeginn ging er nachmittags in den Hort, heute ist er im Heim. Bindungslos aufgewachsen mit der Erfahrung, daß nie irgend jemand richtig Zeit für ihn gehabt hatte, holte er sich seine Zuwendung und Zärtlichkeit schließlich dort, wozu er von Jugendzeitschriften, im kollektiven Aufklärungsunterricht in der Schule und von emanzipierten „Sexualpädologen" verführt worden war, in der verfrühten körperlichen Liebe.

Nachdem über Jahre hinweg unsere Kinder von einer permanenten Sexwelle und bewußtseinsverändernden Sexualpädagogik stimuliert und manipuliert wurden, ist der traurige Erfolg der „sexuellen Selbstbestimmung" inzwischen nicht ausgeblieben: So teilte das Ministerium für Jugend, Familie und Gesundheit mit, daß 82% der Mädchen zwischen 14 und 17 Jahren und 73% der Jungen dieses Alters bereits über sexuelle Erfahrungen verfügen. Von den 17jährigen haben 56% der

Mädchen und 37% der Jungen bereits Geschlechtsverkehr gehabt (8). Jährlich werden etwa 20000 minderjährige Mädchen schwanger (88).

Diese Entwicklung ist nicht verwunderlich, denn ausgehend von der sexuellen Revolte der sechziger und siebziger Jahre, waren pädagogische Ideologen in der Folgezeit darum bemüht, diese neuen sexuellen Freiheiten auch in die Erziehung der Kinder zu integrieren. Als wichtiges Mittel einer solchen Erziehung zur „emanzipierten", d.h. von Zwängen befreiten Persönlichkeit betrachtete man es, „die freie sexuelle Betätigung zu begünstigen. Der Sexualtrieb solle nicht verdrängt, sondern ausgelebt werden, weswegen schon Kleinkinder zur Masturbation zu ermutigen seien" (4, S. 175).

Um deutlich zu machen, wie hier Eltern gegenüber argumentiert wird und auch, um diese fadenscheinige Argumentation durchschauen zu können, wird nachfolgend die wissenschaftlich nicht haltbare, sondern allein ideologischer Zielsetzung verhaftete Argumentationsweise dargelegt:

Ausgehend von dem Wunsch und der Sorge aller Eltern von Kleinkindern, ihr Kind ausreichend zu ernähren und zu pflegen, werden diesen vitalen Bedürfnissen des Säuglings die evtl. auch möglichen sexuellen Empfindungen im Kleinkindalter gleichwertig gegenübergestellt, indem gefragt wird: „Sorgen Eltern ebenso aufmerksam und liebevoll (auch) für die sexuellen Bedürfnisse ihres Kindes?" (34, S. 17). Hierbei wird bereits angedeutet, daß Eltern möglicherweise an dieser Stelle etwas versäumen könnten. Der Wunsch von Eltern, tüchtige, intelligente und gut entwickelte Kinder zu haben, wird dahingehend aufgegriffen, daß – um diese Ziele zu erreichen – die Anlage der Kinder entsprechend ausgebildet und gefördert werden müsse, und zwar auch im Bereich der sexuellen Erlebnisfähigkeit.

Ähnlich Lerngesetzen postuliert Prof. Helmut Kentler angebliche Mindestvoraussetzungen, ohne die eine sexualfreundliche Erziehung nicht möglich sei:

1. „Eltern anerkennen die sexuellen Bedürfnisse ihres Kindes, indem sie ihm dabei helfen, sexuelle Befriedigung zu fin-

den; sie belohnen seine sexuelle Neugier, indem sie nichts Sexuelles verborgen halten ...“.

2. „Die Eltern bieten Situationen an, in denen ihr Kind und andere sich als Sexualwesen entdecken kann ...“
3. „Die Eltern schaffen Möglichkeiten für sexuelle Begegnungen mit Gleichaltrigen“ (34, S. 18).

Liest man weiter bei Prof. Kentler und anderen Autoren dieser Richtung, so entpuppt sich diese Vorgehensweise sehr bald als gezielter Ansatz zur frühzeitigen politischen Einflußnahme auf die Heranwachsenden: „Wir brauchen die sexuelle Stimulierung der Schüler, um die sozialistische Umstrukturierung der Gesellschaft durchzuführen und den Autoritätsgehorsam einschließlich der Kinderliebe zu den Eltern gründlich zu beseitigen“ (2, S. 1570).*

„Dauerhafte Partnerbeziehungen und Frühehen werden vor allem deswegen bekämpft, weil in ihnen Liebes- und Verwirklichungswünsche abgesättigt und damit Energien von der Beteiligung an den ökonomischen und politischen Auseinandersetzungen abgezogen werden“ (4, S. 178).

Wie belastend Schüler teilweise den ihnen in der Schule zugemuteten kollektiven Aufklärungsunterricht empfinden, schildert die nachfolgende Darstellung einer fünfzehnjährigen Schülerin: „Weil ich mich über die schamlosen Bilder ärgerte, haben mich mein Lehrer und die Jungen ausgelacht. Das sei doch alles nur natürlich, sagten sie. Für mich ist aber alles, was mit meiner Intimsphäre, mit Liebe, Ehe und Empfängnis zu tun hat, mehr als ‚nur natürlich‘, und darüber will ich auch nicht mit fremden Jungen und Männern öffentlich sprechen. Natürlich lachen und feixen die Jungen und machen unanständige Witze. So ein Unterricht wird einem zur Qual; da kann man auch in nachfolgenden Stunden nichts leisten. Eine schwere Belastung kann auch – wie ich von mir selbst und von meiner Freundin und anderen Mädchen weiß – die Vorführung eines Films über den Vorgang der Geburt sein. Dieser

* Weitere Ausführungen über pädagogische Indoktrinierungsversuche finden sich in den Büchern von Prof. *Brezinka* (4), *Lück* (45), *Meves* (53) und Prof. *Schoeck* (89).

Film wurde uns gezeigt, als wir zwölf Jahre alt waren! Dabei wurde uns auch von Fehlgeburten und Geburten durch Kaiserschnitt berichtet. Meine Freundin und andere Mädchen aus meiner Klasse bekamen richtig Angst davor und wollten dann gleich wissen, was man tun kann, um keine Kinder zu kriegen. Auch mir geht dieser Film, den ich zwei Mal gesehen habe, immer noch nach. Ich kann es einfach nicht begreifen, wie man zwölfjährigen Mädchen solche Filme zeigen kann."

Von vielen Autoren - insbesondere von Psychotherapeuten - ist immer wieder vor dieser Frühsexualisierung gewarnt worden. So hat sich auch Sigmund Freud, dessen Ausführungen oft mißverstanden bzw. einseitig interpretiert als Rechtfertigung einer „Kindersexualität" herangezogen wurden, keineswegs für eine entsprechende frühe Stimulierung der Kinder ausgesprochen. Vielmehr hat er wiederholt vor der sexuellen Verführung der Kinder gewarnt: „Der Einfluß der Verführung behandelt das Kind vorzeitig als Sexualobjekt und ... lehrt es die Befriedigung von Genitalzonen kennen, welche sich onanistisch zu erneuern es dann meist gezwungen bleibt" (18, S. 96).

„Kleine Kinder, deren Aufmerksamkeit einmal auf die eigenen Genitalien - meist masturbatorisch - gelenkt ist, pflegen die weiteren Fortschritte ohne fremdes Dazutun zu treffen und lebhaftes Interesse für die Genitalien ihrer Gespielinnen zu entwickeln" (18, S. 98).

„Sexuelle Betätigung macht das Kind unerziehbar" (18, S. 86). „Werden Kinder in so zartem Alter Zuschauer des sexuellen Verkehrs zwischen Erwachsenen ..., so können sie nicht umhin, den Sexualakt als eine Art Mißhandlung oder Überwältigung, also im sadistischen Sinne aufzufassen" (18, S. 102).

Andere Autoren bestätigen gleichermaßen diese Erfahrungen: „Uneingeschränktes Gewähren der Masturbation und sexueller Manifestation in der Kindheit trägt nicht zum Fortschritt der Entwicklung bei" (91 a, S. 65).

„Mit dem Eintritt sexueller Frühreife findet man tatsächlich eine ganz auffällige Verschlechterung der Moral verknüpft" (91a, S. 4).

„Die Auswirkungen der Masturbationsfreiheit ... sind nicht nur die erwünschten gewesen. Was die neue Erlaubnis beabsichtigt hatte, war die Herabsetzung von quälenden Schuldgefühlen; was sie gleichzeitig zur Folge hat, ist ein unerwartetes Defizit auf der Seite der Moralentwicklung" (17, S. 17).

Auch langfristig konnten negative Auswirkungen früher sexueller Erfahrungen beobachtet werden. „Jugendliche, die noch keinen Geschlechtsverkehr hatten, äußerten – im Unterschied zu sexuell „erfahrenen" Jugendlichen – eine Menge Respekt für elterliche Vorstellungen und Ansichten, sie fühlten sich den Eltern nahe und von ihnen geliebt, sie hatten den Eindruck, daß ihre Eltern ihre eigenen Lebenseinstellungen und Wünsche verstehen, und daß sie es ihnen leicht machen, sich ihnen mitzuteilen" (61, S. 331). „Je konventioneller und traditioneller die Ideologie ist, die die Mutter vertritt, umso seltener kommt es vor, daß ihre Söhne oder Töchter als Jugendliche mit sogenannten ‚problematischen' Verhaltensweisen wie Geschlechtsverkehr, Alkohol- oder Drogenmißbrauch auffällig werden" (61, S. 331).

„Zu früh einsetzendes Sexualverhalten, vor allem wenn es bereits nicht mehr zufällig, sondern bereits in statistisch meßbaren Größen auftritt, scheint darauf hinzuweisen, daß in einem Land die Familie bereits nicht mehr jene Funktionen erfüllt, die sie eigentlich erfüllen sollte, nämlich jene der Sozialisation und der Ausreifungsmöglichkeit der Jugendlichen" (21, S. 109).

Eine altersgemäße Aufklärung in der Familie mit konstruktiven Büchern (31, 46, 71, 91) hilft, negativen Beeinflussungen vorzubeugen.

Stottern ist nichts zum Lachen

„Ich will immer die anderen zufriedenstellen und nicht mich. Ich will die anderen zufriedenstellen, um so von ihnen in Frieden gelassen zu werden. Ich nehme mir zwar vor, mich zu trauen, aber wenn es darauf ankommt, verliere ich die Nerven und mache mir und den anderen etwas vor" (98, S. 46).

Diese Äußerung eines 14jährigen Schülers über seine Erkrankung des Stotterns kennzeichnet treffend die Furcht vieler stotternder Kinder, sich sprachlich darzustellen und dabei die eigene Meinung zu vertreten. Jeder neue Fehlschlag einer sprachlichen Äußerung mindert ihr Selbstwertgefühl und erhöht ihre Unsicherheit. Aus Angst, beim Sprechen hängen zu bleiben, werden die sprachlichen Mitteilungen – in einer Umgebung, in der das Kind sich nicht vorbehaltlos angenommen fühlt – dann immer einsilbiger. Auf Fragen wird schließlich nur noch mit „Ja" oder „Nein" geantwortet.

Auch der zehnjährige Hans hatte seine Kommunikation auf dieses Mindestmaß beschränkt. Dabei stand seine äußere kräftige und großgewachsene Gestalt in einem auffallenden Gegensatz zu seiner inneren Mutlosigkeit. Ein Junge, der zum Anführer einer ganzen Horde von Kindern getaugt hätte, traute sich kaum, den Mund aufzumachen. Nicht einmal sein Gegenüber anzuschauen vermochte er. Unsicher blickte er vor sich auf den Tisch. „Das ist schlimm mit dem Jungen", brach seine Mutter das Schweigen, „er geht einfach nicht aus sich heraus. Wir haben schon alles versucht, aber man kann reden, was man will."

Die Vorgeschichte der bisherigen Entwicklung von Hans ergab mehrere Belastungsfaktoren, die zu der heutigen Symptomatik geführt hatten: So hatte man ihn zum einen in der Säuglingszeit viel schreien lassen. Bis zu einer Stunde hatte man ihn im Bettchen weinen und verzweifelt rufen lassen, um ihn an einen festen Rhythmus der Mahlzeiten zu gewöhnen. Hinzu kam, daß Hans infolge der halbtägigen Berufstätigkeit seiner Mutter seit dem Alter von zwei Monaten bis heute teilweise von der Großmutter erzogen wurde. Sie hatte sich zwar schon nett um den Jungen gekümmert. In einigen Punkten, wie z. B. der Sauberkeitserziehung, hatte sie ihre Prinzipien der Kindererziehung jedoch etwas starr verfolgt. So hatte sie den sich sträubenden Hans manchmal schon zwingen müssen, damit er auf dem Topf sitzenblieb. Andererseits hatte sie Hans immerfort ermahnt, leise zu sein. Infolge ihres Alters war sie selbst geräuschempfindlich, fürchtete aber auch, daß die Nachbarn sich beschweren könnten.

Aufgefallen war den Eltern, daß ihr Sohn eigentlich nie richtig getrotzt hatte, sondern immer ein eher ruhiges und angepaßtes Kind war. Er habe sich immer gleich gefügt, wenn man mit ihm böse war. Sein zweieinhalbjähriger Bruder sei da ganz anders gewesen. Dieser sei viel vitaler und lasse sich – obwohl er jünger sei – schon jetzt nicht „die Butter vom Brot nehmen".

Erstmals war das Stottern aufgetreten während der Bauzeit des neuen Eigenheimes, in das die Familie vor kurzem eingezogen war. Da beide Eltern in den letzten eineinhalb Jahren durch den Bau zeitlich sehr angespannt gewesen seien, habe man die Kinder in dieser Zeit auch schon einmal härter angefaßt und angeschrien. Die Kinder hätten – wenn nach den Vorstellungen der Eltern nicht immer alles so klappte – auch öfter mal einen Tobsuchtsanfall über sich ergehen lassen müssen. Während der kleine Bruder diese Donnerwetter jedesmal robust einfach habe an sich abgleiten lassen, habe sich Hans dieses unüberlegte Schimpfen doch immer sehr zu Herzen genommen. Überhaupt sei er sehr sensibel und immer sofort gekränkt, wenn man ihn wegen irgendetwas zurechtweise. Beleidigt ziehe er sich dann in sein Schneckenhaus zurück, und man müsse ihn behandeln wie ein rohes Ei.

Das Stottern von Hans hatten seine Eltern anfangs nicht weiter ernstgenommen und versucht, ihn durch häufige Ermahnungen und Zurechtweisungen wieder zum „richtigen Sprechen“ anzuleiten. „Hans sprich langsamer, Hans sag’s nochmal“, lauteten ihre immer ungeduldiger werdenden Aufforderungen. Aber Hans preßte und stotterte erst recht. Der Erfolg dieser Bemühungen blieb nicht nur aus, sondern das Stottern verschlimmerte sich. In der Schule fingen die Klassenkameraden an zu lachen und hänselten ihn, da ihm auch dort die Stimme versagte, wenn er aufgerufen wurde.

Hans war sein Stottern bewußt geworden. Aufmerksam und ängstlich beobachtete er den eigenen Sprechablauf, bewußt registrierte er seine sprachliche Unfähigkeit und begann, Unterhaltungen auszuweichen. Schwierige Worte – bei denen er wußte, daß er hängenbleiben würde – versuchte er zu umgehen und durch einfachere Begriffe zu ersetzen. Um die Erwartungen seiner Umwelt zu erfüllen, setzte er sich auf diese Weise noch selbst zusätzlich unter Druck.

In einem Traum schildert er dieses subjektive Empfinden der fortgesetzten Bedrängnis und seinen Versuch, sich davon freizumachen: „Ich sitze allein oben auf einem Baum, und unten steht eine Wildschweinfamilie. Die zanken sich um ein paar Kastanien. Ich bin richtig froh, daß ich da oben auf dem Baum bin.“ Zank und Gereiztheit hatte es auch viel in der Familie gegeben. Im Alltag war Hans mittendrin in dieser „Wildschweinfamilie“, die in symbolischer Form ausdrückte, wie sehr er meinte, seinen Platz innerhalb der Familie stets neu „erkämpfen“ zu müssen. Sein Traum stellt auf der Wunschebene dar, wie sehr er sich wünschte, von dem ihn belastenden Kritizismus in Ruhe gelassen zu werden.

Zum Verständnis der Symptomatik von Hans ist die frühe Phase der Säuglingszeit nicht unwichtig. In dieser Zeit, in der er oft über Stunden sich selbst überlassen wurde, entwickelte sich bei ihm eine resignative und depressive Grundhaltung. Denn trotz seines langen Schreiens wurden seine Bedürfnisse nach Nähe und Zuwendung von den Eltern nicht erkannt und daher auch nicht erfüllt. Eine existentiell bedrohliche Grundangst breitete sich aus, daß er die ihm zuteil werdende Liebe und Zuneigung seiner Eltern und Großeltern vielleicht auch noch verlieren würde, wenn er sich nicht ihren Wünschen gemäß verhielte. Aus Angst vor Liebesverlust wagte er es kaum einmal, sich Anordnungen zu widersetzen; allenfalls leistete er passiven Widerstand. So wurde er ein äußerlich sehr angepaßtes und liebes Kind, welches es seinen Eltern immer recht zu machen suchte. Ehrgeizig machte er seine Schularbeiten stets tadellos und erfreute seine Eltern mit guten Noten.

Als dann später infolge der elterlichen Gereiztheit während des Hausbaus erste Ansätze eines zaghaften Trotzes und eines eigenen Willens durch barsche Zurechtweisungen unterdrückt wurden, verschlimmerte sich seine anfängliche Überangepaßtheit und Hemmung im Verhalten zu einer Gehemmtheit des Sprechens. Da ihm immer wieder „über den Mund gefahren" wurde, war eine freie, spontane Äußerung zunehmend unmöglicher. Hans druckste und preßte auch bei den einfachsten Worten und fing an unter seinem Stottern zu leiden.

„Jeder fehlgeschlagene Versuch des Kindes, es sprachlich seiner Umwelt recht zu machen, schwächt sein Selbstgefühl und den Mut zu einer Selbstdarstellung" (98, S. 36).

Die Vorgeschichten stotternder Kinder sind unterschiedlich. *Immer* findet sich jedoch eine Einengung bzw. ein überhöhtes Maß an Forderungen (98), denen das Kind nicht genügen kann. Häufig sind es auch die Väter, die ihrem Kind in unbeherrschter Unfreundlichkeit ein Gefühl der Minderwertigkeit vermitteln. Manchmal ersticken schon harte Strafankündigungen jeglichen Widerspruch im Keim.

Rolands Vater pflegte immer einen Rohrstock drohend auf den Tisch zu legen, um seinen Anordnungen – denen gegenüber jeglicher Widerspruch zwecklos war – Nachdruck zu verleihen. Gerade sensible Kinder leben so immer in einem ständigen Gefühl der Angst. Aber auch weniger dramatische Zurechtweisungen können eine „Unterdrückung" des freien Sprechens bewirken: Bei mehreren Geschwistern werden oft die älteren Kinder allzu frühzeitig zur Rücksicht gemahnt, zum Verständnis gegenüber jüngeren Geschwistern gedrängt, ohne sich den Bosheiten und Sticheleien der jüngeren Geschwister gegenüber zur Wehr setzen zu dürfen. So schildert eine Mutter: „Ich glaube, wir haben unseren Markus zu sehr unterdrückt. Sein kleiner Bruder hat ihm immer alles Spielzeug weggenommen und kaputtgemacht. Markus hat sich darüber sehr geärgert und den Kleinen gehauen. Wir haben ihm das verboten. Der Kleine hat das aber sehr schnell gemerkt und es dann ausgenutzt, den großen Bruder zu unterdrücken."

Stottern kann auch gerade bei Kindern sehr bemühter, gewissenhafter Eltern auftreten, die sich aufrichtig bemühen, möglichst alles in der Erziehung richtig zu machen. In ihrem liebevollen Bekümmertsein um das Kind arrangieren sie dieses, bereiten jenes vor und haben immer alles schon im vorhinein durchdacht, überlegt und geplant. Sie denken an alles, vergessen nichts, wissen alles ganz genau und haben meistens auch noch recht. Auch diese liebevolle Gewissenhaftigkeit kann eine Einengung für ein Kind bedeuten. Es ist dann alles schon so vorbereitet, so perfekt, daß für das Kind kaum noch etwas zu tun übrigbleibt bzw. der Vergleich mit den Aktivitäten der Mutter zwangsläufig negativ ausfallen muß. Auch auf diese Weise können Minderwertigkeitsgefühle entstehen. Es ist so, als wenn eine junge Pflanze „überdüngt" würde und dadurch in der Entwicklung verkümmert. Auch Kinder brauchen Luft und Freiraum zur Entfaltung ihrer selbst. „Man darf Kinder nicht immer nur aufziehen, man muß sie auch mal gehenlassen."

Das Tragische am Stottern ist, daß dieses Symptom sich einschleifen und verselbständigen kann und dann auch fortbesteht, wenn die ursprünglich auslösenden Bedingungen behoben sind. Auf diese Weise ist das Kind weiterhin so auf sein Sprechen fixiert, daß es trotz aller Bemühungen der Eltern dennoch nicht frei sprechen kann. Ähnlich wie die volkstümliche Redensart versinnbildlicht, daß auch ein Tausendfüßler nicht um eine Ecke gehen kann, wenn er überlegt, wie seine vielen Beine in exakt welcher Reihenfolge voranschreiten sollen, so behindert diese übergroße Selbstkontrolle des Sprechens jede sprachliche Äußerung bereits im Ansatz.

Oberstes Gebot und erste Voraussetzung zur Besserung des Sprechens ist daher, daß jede Ermahnung, Zurechtweisung und Korrektur hinsichtlich des Stotterns unterbleiben muß!

Gutgemeinte Ratschläge wie „Sprich langsamer", „Laß Dir Zeit", „Du kannst es doch" usw. verstärken jedes Mal die ohnehin den Sprechablauf bereits hemmende Kontrolle der Sprache. „Stottern ist keine Sprach-Störung, sondern eine Sprech-Hemmung“ (15, S. 28).

Stotterer muß man auch ausstottern lassen und ihnen trotz des Stotterns freundlich zugewandt bleiben, ohne sie in irgendeiner Weise zu bedrängen!

Geduld ist vonnöten, auch wenn man meint, das sich quälende Kind beim Sprechen nur schwer ertragen zu können. Ungeduldiges Drängen und auch zu viele gutgemeinte sprachliche Hilfen verstärken nur das Störungsbewußtsein und damit die Sprechangst beim Kind und leisten einer evtl. zusätzlichen neurotischen Entwicklung Vorschub. Eltern wie Therapeuten brauchen einen langen Atem während der Behandlung dieser Störung. Denn Stottern ist eine schwierig zu therapierende Störung. Schwer ist es besonders für die Eltern, da bereits geringe Veränderungen der Umwelt oder im Leben des Kindes eine leise beginnende Besserung wieder zunichte machen können: Der Schulbeginn nach den Ferien, ein Umzug oder eine schlechte Note können Anlaß genug sein, das Stottern zu verstärken oder sogar heftiger als zuvor auftreten zu lassen. Vorschnelle Erwartungen hinsichtlich des Heilungsfortschritts sollten daher zugunsten einer tragenden Gelassenheit abgebaut werden. Eine Ursache des Stotterns ist ja gerade, daß ein Kind den gehegten Erwartungen eben nicht gerecht werden kann und sich subjektiv überfordert fühlt, wodurch es zur Hemmung der Sprache, aber auch zu einer generellen Hemmung der Durchsetzungsfähigkeit kommt.

Es wäre günstig, wenn sich diese Gelassenheit dämpfend auch auf einen möglicherweise überbrodelnden Redefluß des einen oder anderen Elternteils auswirken könnte. Gehemmte Kinder können gegen den ungezügelten Redeschwall eines anderen Familienmitglieds tatsächlich oft nicht zu Wort kommen. Und wenn auch die – manchmal dominanten – Geschwister immer noch flinker sind, in einer Gesprächslücke ihr eigenes Anliegen vorzutragen, so gerät das stotternde Kind ins Hintertreffen. Zeit ist daher vonnöten, gerade diesem Kind geduldig zuzuhören, es ausreden zu lassen, ohne ihm ungeduldig-besserwissend ins Wort zu fallen (s.a. Anschriften 3).

Stotternde Kinder wagen auch in anderen Bereichen oft kaum mehr ihren eigenen Willen kundzutun, geschweige denn jemand anderem zu widersprechen. Die Abbildung einer Kinderzeichnung verdeutlicht auf typische Weise, wie wenig sich diese Kinder überhaupt noch etwas zutrauen: Hände, mit denen man zupacken, etwas ergreifen könnte, und Füße, mit denen man auf jemanden zugehen könnte, fehlen in dieser Darstellung. Selbst die Ohren wurden weggelassen. So viel wurde auf Hans immer eingeredet, ermahnt, zurechtgewiesen, daß er es schon gar nicht mehr hören mag (siehe Abbildung).

Nicht jedes Stottern ist jedoch Anlaß zur Beunruhigung. So gibt es während der Zeit der Zwei- bis Vierjährigkeit ein ent-

Menschzeichnung eines stotternden Kindes

wicklungsbedingtes „physiologisches Stottern" oder „Entwicklungsstottern" (20), das sich mit zunehmender Sicherheit im sprachlichen Ausdruck ohne weiteres Dazutun wieder verliert. Der Redeimpuls, das Denken und Redenwollen überflügelt dann zeitweise die sprachlich-motorischen Fähigkeiten, wodurch ein leichtes Stottern entsteht. Wichtig in dieser Phase ist jedoch, daß man sein Kind auf dieses Entwicklungsstottern nicht aufmerksam macht, damit sich dieser vorübergehende Zustand nicht fixiert!

Stottern bei älteren Kindern kann entweder auftreten in Form von Lautwiederholungen (dadadadadanke), durch Hängenbleiben an einem Anfangskonsonanten (daaaaanke), oder auch in einer Mischform von beiden. Bei der zweiten Form des Stotterns sind manchmal auch Mitbewegungen des Körpers zu beobachten, wie z. B. Grimassieren, Stampfen mit dem Fuß oder Pressen des Kinns auf die Brust. Dieses Pressen von einem Vokal verdeutlicht in besonderer Weise, wie sehr diese Kinder oft innerlich „unter Druck" sind, wie groß aber andererseits die Hemmung ist, so daß dieser Antriebsstau nicht herausgelassen werden kann.

Eine entspannte Atmosphäre – in der auch Streitereien der Eltern untereinander zurückgesteckt werden – ist daher ebenfalls Voraussetzung jeder erfolgreichen Behandlung. Besonders hilfreich haben sich dabei auch expansive Spiele erwiesen, bei denen das Kind allmählich wieder mehr aus sich herauszugehen wagt. Ein Boxball (Punchingball) bietet z. B. die Möglichkeit, angestaute Wut und Ärger auch einmal ausdrücken zu dürfen. Gleiches gilt für Schießspiele mit einer Zielscheibe (s. Anschriften 5). Aber auch abendliches Ringen und Boxen mit dem Vater ist ein sehr gutes Ventil, um sich allmählich wieder etwas mehr behaupten zu lernen, zuzupacken und sich etwas zuzutrauen – vorausgesetzt natürlich, daß der verständnisvolle Vater nicht immer gewinnt.

Neben diesen nichtsprachlichen Ausdrucksmöglichkeiten eignen sich in vorzüglicher Weise gemeinsames Singen oder ein Kasperlespiel dazu, allmählich auch wieder Zutrauen zur eigenen sprachlichen Ausdrucksmöglichkeit zu finden. Beim gemeinsamen Singen fühlt sich das Kind in der Mehrstimmigkeit sicher: Der Atemablauf ist beim Singen entspannter, und ein eventuelles Hängenbleiben wird leicht von den anderen Sängern übertönt. Beim Kasperlespiel kann das stotternde Kind „in eine Rolle hineinschlüpfen“, muß sich also nicht selbst darstellen. Wenn dann ein Fehler unterläuft, gehört das eben mit zur Eigenart der jeweiligen Figur, ohne daß man sich selbst verantwortlich fühlen muß.

Rhythmische Übungen können hilfreich sein, jedoch auch – insbesondere, wenn eine rhythmisch starre Sprechweise eintrainiert wird – ein Wiedererlernen des freien Sprechens erheblich erschweren. Wie bei allen Verhaltensauffälligkeiten und psychosomatischen Störungen muß daher auch hier vor einer laienhaften Selbstbehandlung dringend gewarnt werden.

Auch bei guten Therapiefortschritten muß jedoch immer mit der Möglichkeit eines Rückfalls gerechnet werden. Erst allmählich werden diese Rückschläge in immer größeren Zeitintervallen auftreten, bis sie dann irgendwann ausbleiben.

Mit Behinderungen leben

Molière schreibt in seinem Schauspiel „Die gelehrten Frauen“: „Der gnädige Herrgott, der uns schuf und dessen Macht wir untertan, hat uns nicht alle gleich bedacht“. – Wie altmodisch und überholt – werden viele sagen – ist dieser Satz im Zeitalter angeblich absoluter Chancengleichheit, im übertriebenen Wahn der Gleichheitsideologie; wie erschütternd wahr empfindet ihn aber auch jedes Elternpaar bei der Geburt eines behinderten Kindes. Unvorbereitet stehen sie einer sie lähmenden Wirklichkeit gegenüber; damit hatte niemand gerechnet.

Die ängstliche, aber doch hoffende erste Frage der Mutter nach der Geburt: „Ist alles in Ordnung? Ist mein Kind gesund?“ bleibt in diesen Fällen oft unbeantwortet, stattdessen setzt im Kreißsaal eine hektische Betriebsamkeit ein, was die Befürchtungen der Mutter verstärkt, daß sich ihr Kind in Gefahr befindet. Ausweichende oder oberflächlich-beschwichtigende Antworten der Ärzte und Schwestern vermögen dann nicht zu beruhigen, helfen nicht, die Realität zu erfassen – geschweige denn zu bewältigen –, sondern die bohrende Ungewißheit über den Zustand des Kindes läßt Raum für „monsterartige Phantasiegebilde über das Aussehen des Kindes, welche die Ausmaße eines an der Wirklichkeit orientierten Wissens weit übertreffen können“ (86, S. 835). – Fehlt eine Hoffnung auf Heilung und ist bereits jetzt bei der Geburt die Möglichkeit einer normalen geistigen Entwicklung des Kindes in Frage gestellt, fällt es auch dem Arzt umso schwerer, sich der Mutter zuzuwenden, denn auch er hatte gehofft, ein gesundes Kind entbinden zu können. Auch er wird von Enttäuschungen belastet und ist gehemmt – seinerseits auf mögliche Linderung des Leidens hoffend –, der Mutter das bereits jetzt erkennbare Ausmaß der Behinderung zuzumuten.

So bleibt die Mutter, bleiben die Eltern ihrer Hilflosigkeit, Trauer und Verzweiflung allein ausgesetzt und erleben, daß sich die Umwelt dort, wo sie Zuspruch und Trost am dringendsten benötigten, von ihnen abwendet. Eine Erfahrung, die ihnen auch später des öfteren nicht erspart werden wird.

So steht häufig am Anfang des Lebens eines behinderten Kindes ein Schock der Eltern. Die bittere Erkenntnis, daß ihr Kind aller Wahrscheinlichkeit nach nie ein selbständiges Leben ohne Pflege und Hilfe wird führen können, ist von einer akuten Streßreaktion begleitet, in der entweder alle Kräfte mobilisiert werden, um Auskunft zu erlangen über die Behinderung des Kindes, oder es tritt ein apathisches Verhalten ein, „in dem wenig getan und noch weniger gesagt wird“ (86, S. 836). Irrtümlich wird bei dieser Art Totstellreflex, bei dem sich Eltern „wie zu Tode getroffen fühlen“, oft angenommen, diese hätten das Geschehene bereits akzeptiert und somit sei alles in Ordnung, erleichtert meint man, es sei besser, die Mutter in diesem Zustand allein zu lassen, insgeheim jedoch auch froh darüber, sich im konkreten Leid eines Patienten und Mitmenschen nicht weiter engagieren zu müssen.

Die Bewältigung des Leides ist jedoch noch lange nicht abgeschlossen. Die enttäuschten Eltern, die sich als Vater und Mutter „biologisch behindert ansehen, sich nicht vollwertig, sondern behindert vorkommen“ (86, S. 836), wenden sich in der nachfolgenden *Suchphase* verstärkt den möglichen Ursachen zu, und fragen sich: „Weshalb konnte dies bei mir passieren? Warum trifft dies Schicksal gerade uns? Was haben wir verschuldet? Wer von uns, Vater, Mutter oder auch Familienangehörige und Ärzte, könnte Schuld daran haben?“

Diese Fragen, so schreibt Sylvia Görres, werden oft zu Vorwürfen: „Wurde in der Schwangerschaft etwas versäumt? Wurden falsche Arzneien verordnet, Krankheitssymptome übersehen? Verlief die Geburt falsch und schädlich für das Neugeborene? Hätte das Kind nicht geboren werden dürfen, waren wir zu alt, zu geschwächt, zu ahnungslos?“ (22, S. 18).

Aber kein Mensch wird diese Fragen je endgültig beantworten können, dagegen werden neue oder evtl. bereits vorhandene Schuldgefühle verstärkt, sie sind da, egal ob man sie sich eingestehen will oder nicht.

Eltern betonen oft, daß sie keines ihrer Kinder so lieben wie das behinderte, daß ihnen keines so viel Freude bereitet habe. Werden hier aber nicht zu hohe und unerfüllbare Erwartungen auf die Geschwisterkinder projiziert, die nun möglicherweise die enttäuschten Erwartungen der Eltern hinsichtlich des behinderten Kindes zusätzlich mit erfüllen sollen? Erwartete Glanzleistungen dieser Kinder in Schule und Beruf sollen den Makel des Andersartigen wieder wettmachen, sollen hinwegtrösten über enttäuschte Hoffnungen, Ansprüche an Leistung, Können und Schönheit des behinderten Kindes. – Aber dadurch besteht nicht nur die Gefahr der Überforderung und Neurotisierung auch der gesunden Kinder, sondern das erkrankte Kind kann durch solches Verhalten zum Tyrannen der Familie geradezu erzogen werden; wenn man nicht wagt, es im Rahmen seiner Möglichkeiten zu fordern, es stattdessen permanent unterfordert, wodurch mögliche Eigenaktivität und Anstrengungsbereitschaft erlahmen.

Diese Gefahr besteht jedoch nicht nur bei körperlich und mehrfach behinderten Kindern, sondern ist ein allgemeines Erziehungsproblem, wobei die Erwartungen hinsichtlich dessen, was Kindern zumutbar ist, allerdings sehr verschieden sein können.

So behandelten wir kürzlich ein lernbehindertes siebenjähriges und noch nicht eingeschultes Mädchen, das bis zu diesem Alter nicht gelernt hatte, Speisen in irgendeiner festen Form zu sich zu nehmen, sondern Nahrung ausschließlich aus der Flasche akzeptierte. Bei diesem elften und jüngsten Kind in der Familie war es stets einfacher gewesen, ihr die Flasche zuzubereiten, als daß neben den Anforderungen der restlichen Familie der Mutter Zeit geblieben wäre, auch dieses Mädchen allmählich an Löffel- und feste Mahlzeiten zu gewöhnen. Das Kind war schließlich daran gewöhnt, sich den Inhalt der zubereiteten Flasche in einer Sofaecke mehr oder weniger passiv selber einzuflößen. – Es ist ein nicht seltenes, sondern eher sogar zunehmendes Problem, daß immer mehr Eltern nicht mehr wagen, die passive Wunscherfüllung der Kleinkindzeit allmählich aufzugeben, notwendige Grenzen und erste Konsequenzen zu setzen, über die allein mehr Selbständigkeit und Unabhängigkeit erlernt werden können.

Vor einiger Zeit behandelte ich mit demselben Problem einen sechsjährigen Jungen, dessen beide Eltern – womit ich andeuten will, daß selbst Fachleute nicht immer frei sind von Irrtümern und Fehlern – sogar Psychologen waren. Körperlich und geistig war dieser Junge normal entwickelt, aber die Arbeit in der eigenen Praxis und die Therapie fremder Kinder war den Eltern zu wichtig als daß Zeit übrig blieb zum Spiel und zur gemeinsamen Beschäftigung mit dem eigenen Kind. Im Wartezimmer – so wurde mir gesagt – könne der Sohn doch genügend den ganzen Nachmittag mit den zur Behandlung kommenden Kindern spielen.

Auch dieses Kind ist behindert – seelisch behindert bzw. doch zumindest von Behinderung bedroht –, und ich wage nicht zu beurteilen, welches Schicksal denn leichter wäre, ertragbarer sowohl für das Kind als auch für die Eltern: das Leiden an einer äußerlich erkennbaren körperlichen oder geistigen Erkrankung oder das Nicht-wahrhaben-Wollen seelischer Behinderungen, die Familien oft aber ein nicht minder schweres Schicksal aufbürden. Schulschwierigkeiten, Aggressivität und Nägelkauen, was sind denn das für Problemchen gegenüber den Sorgen mit einem mehrfach behinderten Kind, wird man einwenden. Das ist doch gar nicht der Rede wert. Doch, das ist es! Denn werden diese frühen Warnsymptome übersehen, droht oft sehr schnell eine schwer noch aufzuhaltende Entwicklung in die Verwahrlosung. Kriminalität und Sucht.

1982 wurden insgesamt 81954 tatverdächtige Kinder unter 14 Jahren ermittelt. (7) Alle diese Kinder wurden in der Regel körperlich und geistig gesund geboren, und dennoch erfahren diese Eltern ein Leid, das sie oftmals zerbrechen läßt. Denn seelische Behinderungen – um diesen erweiterten Begriff der Behinderung hier zu verwenden – will man oft nicht wahrhaben. In der eigenen Familie hat es keine Krüppel, keine „Verrückten“ und „Spinner“ zu geben. Man hat es nicht nötig, ist zu stolz, zum Arzt, zum Psychiater oder Psychologen zu gehen, das seien Irrenärzte und Idiotendoktoren – in der eigenen Familie brauche man sie nicht!

So werden auch heute Behinderte immer noch versteckt, Familien isolieren sich, und Hilfe wird erst unter massivem Druck – häufig viel zu spät – aufgesucht: Eine Gerichtsvorladung flattert ins Haus, weil der Sohn mit einer Bande Gleichaltriger beim siebten Einbruchsversuch endlich geschnappt wurde; die Polizeiwache ruft an, weil die heroinsüchtige 15jährige Tochter bei einer Razzia in der Innenstadt mit entsprechendem Stoff und Fixerbesteck aufgegriffen wurde; ein Telegramm kommt ins Haus, daß der hochbegabte 22jährige bereits studierende Sohn während eines Ferienaufenthaltes einen Selbstmordversuch unternahm.

Ich will mit dieser Aufzählung andeuten, wie überaus hart und oft Familien vom Schicksal getroffen werden, auch wenn dies äußerlich nicht erkennbar ist, wenn alles in bester Zufriedenheit und in schönster Ordnung zu verlaufen scheint. Gerade die anfänglich relative Geringfügigkeit seelischer Behinderungen erschwert es den Eltern oft, darin ein ernst zu nehmendes Warnzeichen zu erkennen. Mit allen nur verfügbaren Mitteln, wie Drohungen, Schlägen und Liebesentzug versucht man zu beseitigen, was nicht sein kann und nicht sein darf.

Dabei wird das Erkennen der Behinderung eines Kindes – besonders im seelischen, lern- und geistigbehinderten Bereich – oft noch dadurch erschwert, daß diese Kinder in vielen anderen Verhaltensweisen durchaus den Erwartungen der Eltern entsprechen, oft sogar besonders ausgeprägte Spezialbegabungen, isolierte Inseln guter Fähigkeiten besitzen, wodurch der Eindruck entsteht, daß diese Kinder nicht *nicht könnten,* sondern nur *nicht wollten.* Also werden drakonischere Maßnahmen eingesetzt, die jedoch die Situation des Kindes nur verhärten und chronifizieren. Oftmals wird diese Selbsttäuschung bis zur Einschulung des Kindes aufrechterhalten, und die Eltern fallen dann „aus allen Wolken", wenn man ihnen eröffnet, daß ihr Kind in einer Sonderschule für Lern- oder Geistigbehinderte eine seinen Fähigkeiten gemäßere Förderung erfahren würde, und daß die Beschulung in der regulären Volksschule eine permanente Überforderung mit der Gefahr einer zusätzlichen Neurotisierung bedeutete.

So tragisch und paradox es klingen mag, haben es Eltern schwerbehinderter Kinder oft einfacher, denn sie können letztendlich klar erkennen, daß den Möglichkeiten ihres Kindes eindeutige, unverrückbare Grenzen gesetzt sind. Bei „normalen" Verhaltensstörungen kann diese Leistung des Akzeptierens der Grenzen sehr viel schwieriger sein, da das perfekte, schöne und ideale Kind doch noch möglich zu sein scheint und nicht außerhalb jeder Realität liegt. Es müßte sich eben nur noch etwas mehr anstrengen, nicht so faul sein und nicht in den Tag hineinträumen, sich nur ordentlich am Riemen reißen, dann würde die Sache schon gut – denkt man. Doch nur schöne, nur perfekte, nur ihren Eltern Freude machende Kinder, die gibt es nicht.

So verständlich und so richtig es ist, sein Kind nach besten Möglichkeiten zu fördern, kann hier oftmals doch weniger mehr sein. Ein fröhliches und zufriedenes Kind, das durchaus auch in den Begrenzungen seiner Möglichkeiten lebt, ist oft glücklicher im Leben als z. B. ein mit Gewalt durch die Volksschule geschleiftes lernbehindertes Kind. Ihr Kind zu lieben und anzunehmen, so wie es ist, gelingt Eltern körperbehinderter Kinder oft leichter, wenn sie auch zuvor schwer darum ringen mußten, nicht zu verzweifeln. Geduldig sein heißt auch: dulden, erdulden, ertragen und aushalten, auch wenn keine Entwicklungsfortschritte mehr möglich sind, ja selbst wenn ein Stillstand oder Rückschritt in der Entwicklung nicht mehr zu leugnen ist.

Beim Schicksal, ein behindertes Kind zu haben, gewinnt der gemeinsame Zusammenhalt in der Familie besondere Bedeutung. Denn weder die Mutter, die nur ihr Problemkind sieht und die Partnerbeziehung vergißt, noch der Vater, der, seine Betroffenheit verdrängend, sich verstärkt beruflichen und außerhäuslichen Aktivitäten zuwendet, kann das gemeinsame Schicksal tragen helfen. Aus nicht überwundener eigener Depression kann dann oft auch dem Ehepartner nicht geholfen werden. Aber gerade die Zusammenarbeit beider Eltern bei den Aktivitäten ums Kind kann die bedrohte gemeinsame Kommunikation wieder in Fluß bringen, wirkt ehefördernd, sofern man sich dieser Aufgabe nur stellt.

Alle Kinder brauchen zur störungsfreien Entwicklung zueinanderhaltende Eltern, die miteinander die Last und Freude der Erziehung teilen. Und besonders im Kleinkindalter genügen durchaus nicht täglich 30 Min. „Qualität" an Zuwendung, wie oft gemeint wird. Die Quantität, das Zeithaben füreinander, ist ebenso wichtig wie das Wie des Miteinander-Umgehens. Die täglichen Anforderungen an Eltern erreichen hier allerdings oft ein Ausmaß, welches neben den üblichen familiären Verpflichtungen kaum noch zu schaffen ist. Tägliches Turnen, oft mehrmals am Tag, häufige Arzt- und Therapeutenbesuche, nicht selten verbunden mit stundenlangen An- und Rückfahrten, lassen den Eltern kaum noch Zeit für sich und das Gespräch mit den Geschwistern.

Auch Therapeuten unterschätzen mitunter die Belastungsfähigkeit der Familie, geben immer neue Übungspläne als Hausaufgaben mit, wobei manchmal übersehen wird, daß das behinderte Kind nicht im Trainingslager, sondern in einer Familie lebt, und daß ein Familienleben auch gemeinsamer freier Zeit und Muße bedarf. – Geschwisterkinder, besonders wenn sie noch klein sind, werden notgedrungen oft in diesen Streß miteinbezogen, müssen überall mit hin, während der Therapie draußen vor der Tür warten, müssen für alles Verständnis zeigen und auch dafür, daß Vater und Mutter nur selten genug Zeit für sie haben. Sie sind oft in einer ähnlichen Situation wie Kinder, die noch ein Geschwisterchen bekommen haben: Alles dreht sich nur noch um eine neue Hauptperson in der Familie. Groß, erwachsen und selbständig sollen die noch kleinen Kinder auf einmal sein, alles einsehen und alles verstehen, wo sie doch selber noch sehr des Verständnisses bedürfen.

Dieses Wissen und die Angst, daß aufgrund dieser Belastungssituation in der Familie auch das gesunde Kind noch einen Schaden, einen seelischen Schaden davontragen könne, läßt Familien überlegen, ob nicht eine Heimpflege sowohl der Entwicklung des behinderten Kindes als auch seiner Familie besser helfen könne. Dieses „Weggeben" eines Kindes wird jedoch nicht nur von der öffentlichen Meinung, sondern auch vom eigenen Gewissen, vielleicht als ein Aussetzen, ein Sich-nicht-zu-seinem-Kinde-Bekennenwollen gebrandmarkt. Es ist gut, diese innere Stimme zu prüfen, doch gilt die Meinung der Öffentlichkeit wenig, die im gleichen Atemzug, wie sie die Eltern, die sich schweren Herzens zu diesem Schritt entscheiden, als Rabeneltern verurteilt, gleichzeitig die Vernichtung dieses angeblich unwerten Lebens fordert, zumindest aber doch, daß man es ihr nicht zumutet, aus den Augen schafft, wie es durch ein Gerichtsurteil sogar bestätigt wurde.

Viele Eltern behinderter Kinder hätten es sicherlich nicht nötig, ihr behindertes Kind in einem Heim unterzubringen, wenn sie z. B. durch Nachbarschaftshilfe auch einmal entlastet würden, die Mutter einmal in Ruhe am Nachmittag zum Friseur gehen könnte, weil ihr eine befreundete Familie die Kinder für ein paar Stunden abnimmt. Aber trotz verstärkter Öffentlichkeitsarbeit über das behinderte Kind, trotz Aktionswochen und eines Jahres der Behinderten wollen viele immer noch nichts mit ihnen zu tun haben, – sie haben es gut, sie sind ja nicht betroffen. Dabei könnten sie so viel lernen von diesen Kindern. Lernen, sich selbst auch einmal ein wenig zu relativieren, oder zufrieden zu sein mit dem, was sie haben, vielleicht sogar die gierige und dominierende materielle Wertorientierung zu Gunsten menschlicherer Gefühle der Nächstenliebe und der Hilfsbereitschaft ein wenig aus dem Mittelpunkt allen selbstsüchtigen Handelns beiseitezuschieben.

Es ist sicher nicht leicht, dieses zu tun, aber es lohnt sich! Es lohnt sich auch, einmal ein behindertes Kind mit zum Kindergeburtstag einzuladen und nicht nur das gesunde Geschwisterkind. Kinder können sehr hilfreich und liebevoll mit behinderten Kindern umgehen, sie können aber auch – sofern sie nur hochmütig genug im Bewußtsein, selber etwas ganz Besonderes zu sein, erzogen wurden – verächtlich die Nase rümpfen und meinen, die Behinderten solle man wegbringen. Kinder in einer heilen Welt zu erziehen, ist sicher sehr richtig, sofern sich dies auf die Harmonie des Zusammenlebens der Eltern und der Familie bezieht, ist andererseits aber grundverkehrt und Gift für ihre Entwicklung, wenn nur das Heile, Perfekte und hundertprozentig Funktionierende allein als Wert betrachtet wird. Leider sind derart erzogene Kinder allerdings auch bei ihren eigenen Eltern oft sehr schlecht dran, nämlich wenn sie selber aus einer Entwicklungskrise heraus nicht so wie gewünscht funktionieren.

Man entwickelt mehr Verständnis für andere, wenn man auch selber sich verstanden fühlt und sich seiner Schwächen bewußt ist. Dies Verstehen, diesen menschlichen Ausdruck des Füreinander-Daseins kann man lernen, und als Erwachsene sind wir unseren Kindern Vorbild für jene Offenheit und Bescheidenheit, die sich nicht selber als Maß aller Dinge zu sehen beansprucht.

Das Verständnis bei den Mitmenschen für andersartiges Aussehen oder Verhalten läßt im Alltag jedoch oft noch mehr als zu wünschen übrig. Dies ist nicht verwunderlich, sondern ein nahezu zwangsläufiges Resultat unserer Erziehungspraxis, die üblicherweise eine Isolierung Behinderter in Sondereinrichtungen praktiziert. Angefangen von der Heilpädagogischen Tagesstätte bis zu den verschiedenen Differenzierungen des Sonderschulwesens, wo sehbehinderte, sprachbehinderte, körperbehinderte, geistigbehinderte und erziehungsschwierige Kinder – um nur einige zu nennen – jeweils isoliert voneinander, isoliert aber auch von den sogenannten Gesunden, gefördert und unterrichtet werden.

Doch es ist fraglich, ob diese Zuweisungen isolierter Behinderungen zu verschiedenen Einrichtungen in jedem Fall richtig ist, denn Untersuchungen des Kinderzentrums München ergaben, daß einfache Behinderungen, d. h. zum Beispiel: isolierte Blindheit oder isolierte Taubheit, eher selten auftreten, während Mehrfachbehinderungen überwiegen. „So wiesen z. B. von 100 blinden Kindern nur 11 keine weitere Behinderung auf. Bei den 89 übrigen Kindern wurden zusätzliche leichte und schwere Behinderungen gefunden. So hatten 36 Kinder 2, 23 Kinder 3, 10 Kinder 4 und 2 Kinder 5 zusätzliche Behinderungen" (28, S. 77) wie z. B. cerebrale Anfallsleiden, geistige Behinderung, organische Leiden, zusätzliche Hörstörungen oder psychische Fehlentwicklungen. Neben dieser isolierten Unterrichtung besteht andererseits die Vorstellung, daß behinderte Kinder am besten im Rahmen einer Tagesstätte speziell gefördert werden könnten.

Im Kinderzentrum München hat Prof. Hellbrügge diesen Meinungen ein anderes Konzept gegenübergestellt: Er praktiziert einerseits mit gutem Erfolg in seinen Kindergärten und Schulen eine integrierte Erziehung mehrfach und verschiedenartig behinderter Kinder zusammen mit gesunden Kindern, und andererseits ist er der Auffassung, daß nicht nur in der Kleinkind- und Kindergartenzeit, sondern auch nach Schulbeginn „eine sowohl qualitativ wie quantitativ wirksame Hilfe in der Therapie am besten von den Eltern selbst gegeben werden kann" (28, S. 224). Indem die einzelnen Fachkräfte seiner Institute die Eltern jeweils in den notwendigen Therapieprogrammen unterweisen, kann die Therapie von den Eltern regelmäßig und täglich zu Hause durchgeführt werden. Denn – so fragt Prof. Hellbrügge mit Recht – „wenn schon völlig gesunde Kinder auch bei ausreichender körperlicher Pflege in einer institutionalisierten Erziehung außerhalb der Familie zu schweren sprach- und sozialbehinderten Kindern wurden, welche Wirkung muß dann erst eine institutionalisierte Pflege und Erziehung bei behinderten Säuglingen und Kleinkindern haben?" (28, S. 96).

Dennoch meine ich, daß auch eine solche Tagesbetreuung oder Heimpflege gerechtfertigt sein kann – aus den verschiedensten Gründen –, und es steht uns nicht an, über Eltern, die diesen Weg gewählt haben, den Stab zu brechen. Auch eine segregierte, d.h. nicht integrierte Erziehung kann richtiger sein, wenn nämlich die notwendigen Hilfen, die das behinderte Kind benötigt, in der Regelschule nicht angeboten werden können. „Integration bedeutet also nicht, die Kinder einfach in eine Normalschule zu geben; das hieße die Kinder alleinlassen, das wäre Integration ohne Integration ... Unter wirklicher Integration verstehen wir, behinderte Kinder in einer Normalschule zu unterrichten, ihnen aber darüber hinaus spezielle Extrahilfe zukommen zu lassen" (59, S. 1468). Aus diesem Grunde arbeiten die Sonderpädagogen der Montessori-Schulen des Kinderzentrums München nicht nur engstens mit den einzelnen Therapeuten und Ärzten zusammen, sondern auch mit je einem nebenamtlichen Taubstummenlehrer und Blindenlehrer. Denn auch nach der Einschulung muß die Therapie unbedingt weitergehen, auch aus diesem Grunde gehen diese Kinder grundsätzlich nur halbtags zur Schule. Prof. Hellbrügge's Erfahrung nach sind Sonderschulsysteme *allein* kaum in der Lage, die notwendigen ärztlichen, psychologischen und therapeutischen Aufgaben zusätzlich zu übernehmen. Eine engere Zusammenarbeit mit therapeutischen Instituten und Zentren bzw. mit den einzelnen Fachdisziplinen würde den mehrdimensionalen Therapieansatz fortführen und dem Kind nutzen.

Die Montessori-Pädagogik – die ursprünglich eine Pädagogik des gesunden Kindes ist, die aber von Prof. Hellbrügge auf den Behindertenbereich übertragen wurde – erleichtert die individuelle Förderung und ein Eingehen auf jedes einzelne Kind, allein schon durch die formalen Prinzipien des Unterrichts, welche einen Schulbesuch ohne Angst ermöglichen (27, s.a. S. 29).

Dies alles sind Hilfen, und man muß sich darüber im klaren sein, sie bleiben immer auch nur Hilfen, Erleichterungen auf einem Weg, der mühsam bleiben wird und dessen Ende – sofern darunter vollkommene Heilung für das körperlich, geistig oder seelisch behinderte Kind verstanden wird – oftmals nicht einmal in Sicht kommt. Dennoch lohnt es sich, bei den immer wieder neu auftauchenden großen und kleinen Schwierigkeiten, durchzuhalten und nicht aufzugeben. Aber dieses Durchhalten und Mittragen des Leides gilt nicht nur für die unmittelbar Betroffenen, sondern für jeden einzelnen von uns, gerade auch für diejenigen, die das Glück haben, körperlich und geistig gesund sein zu dürfen. Diese Dankbarkeit gegenüber dem eigenen und unserer Kinder Wohlergehen findet man jedoch immer noch selten. Zu sehr sind wir daran gewöhnt, allzuoft allzuviel als selbstverständlich anzusehen. Wir leisten es uns, auf diejenigen, die Probleme haben, von oben herabzublicken, fördern indirekt damit auch Reaktionen der Öffentlichkeit, wie mir eine davon eine Mutter zu Beginn einer Therapie unter Tränen erzählte:

Die Eltern kamen mit einem spastischen Kind nach mehrstündiger Eisenbahnfahrt im Münchner Hauptbahnhof an. Die unkoordinierten Bewegungen, die verzerrte Mimik und die nur schwer verständlichen Laute des Kindes erregten selbst im Trubel des Hauptbahnhofs Aufsehen. Zwei leicht angetrunkene ältere Männer gingen auf die Eltern zu, deuteten auf das Kind und sagten „Schämen Sie sich nicht, sowas gehört doch abgetrieben, früher hätte man sowas vergast“.

Reaktionen leider, die keine Seltenheit sind. Wir fixieren uns – auch bei äußerlich nicht sichtbaren, bei seelischen Problemen – auf das Defekte, das, was nicht in Ordnung ist, ohne uns die Mühe zu machen, unseren Blickwinkel umzukehren, um das Positive, die Fähigkeiten und Möglichkeiten hervorzuheben und anzunehmen und andererseits die noch schwierigen Anteile der Persönlichkeit ein wenig zu übergehen. Jeder einzelne von uns hat mit seinen Problemen zu kämpfen, mehr oder weniger bewußt, selber unter dieser Unvollkommenheit leidend, und es ist nur verhängnisvoll, wenn wir uns einbilden, daß es irgendwie sinnvoll oder sogar notwendig sei, immer wieder erneut den Finger auf die Wunde zu legen.

Nur ein Annehmen und Akzeptieren ohne Vorbehalte, ohne Wenn und Aber, schaffen die Voraussetzung zu wirklicher, vor allem seelischer Heilung. Jeder einzelne von uns, ob gesund oder krank, fröhlich oder traurig, ist gewollt. „Ich habe Dich bei Deinem Namen gerufen“, sagt Christus und gibt damit jedem einzelnen von uns einen Platz und einen Auftrag in der Schöpfung. Wir sollten uns bemühen, als Beauftragte die uns gestellte Aufgabe zu erfüllen. „Es gibt erfülltes Leben“ sagt Dietrich Bonhoeffer, „trotz vieler unerfüllter Wünsche“.

Der Suppenkaspar

„Der Kaspar, der war kerngesund, ein dicker Bub und kugelrund. Er hatte Backen rot und frisch; die Suppe aß er hübsch bei Tisch. Doch einmal fing er an zu schrein: Ich esse keine Suppe! Nein, nein, nein! Ich esse meine Suppe nicht! Nein, meine Suppe eß ich nicht!" (29) Viele Eltern werden tagtäglich an diesen berühmten Text des Kinderarztes Dr. Heinrich Hoffmann erinnert, der seit seiner erstmaligen Veröffentlichung im Jahre 1844 bis heute nichts an Aktualität verloren hat.

Auch die zehnjährige Susanne ißt kaum etwas bei Tisch. „Zwei Kartoffeln – aber kleine – und ein bißchen Spinat esse ich schon", widerspricht Susanne der Darstellung ihrer Mutter. „Ich soll immer mehr essen, als ich mag", fügt sie schmollend hinzu. Das Gewicht des Mädchens liegt an der untersten Grenze ihrer Altersnorm. Noch ist die Untergewichtigkeit zwar nicht bedrohlich, aber es gilt wachsam zu sein, damit sich die Essensproblematik nicht zur Erkrankung der Magersucht verschlimmert.

Im Zuge eines allgemeinen Schönheitsideals der Überschlankheit wird die Abmagerung bei vielen Mädchen zunächst gar nicht bemerkt, sondern es gilt sogar als schick, immer dünner und dünner zu werden. Zu spät erst wird dann die Erkrankung der Magersucht erkannt, die meistens auch erst in der Pubertät beginnt. Für 27% (57) dieser Mädchen kommt eine therapeutische Hilfe zu spät: sie sterben an Untergewicht – „ … und war am fünften Tage tot" (29)

„Fast immer stammen die Töchter aus wohlgepflegten, meist sogar wohlhabenden Elternhäusern. Sie haben Mütter, die weich, oft vielbeschäftigt, meist berufstätig sind. Die Mütter gehen auf die Wünsche und Gefühle ihrer Töchter ein, sind wenig autoritär, dafür aber in zunehmendem Maße und mit Recht besorgt, oft so sehr, daß sie an der permanenten Eßverweigerung ihrer Tochter krank werden“ (51, S. 22).

Susannes Vorgeschichte war typisch für diese Eßproblematik: Mutter und Kind wurden unmittelbar nach der Geburt voneinander getrennt, und während der Wochenbettzeit bekam die Mutter ihre Tochter jeweils nur zu den Mahlzeiten für kurze Zeit zu Gesicht. Die Versorgung des Kindes blieb fest in der Hand der Kinderschwestern. Erst zu Hause hatte die Mutter ihr Kind überhaupt zum ersten Mal ausgewickelt gesehen. Sowohl in der Klinik als auch später zu Hause hatte Susanne viel geschrien, und die Mutter – die unsicher geblieben war im Umgang mit ihrem Kind, niemand in der Klinik hatte sie ihr Kind selbst versorgen lassen – hatte Susanne entsprechend der Anweisung der Ärzte schreien lassen. Da das Kind immer nur schrie und sich nicht beruhigen ließ, hatte die Mutter sogar einige Male verzweifelt das Haus verlassen und war – während sie das Kind zu Hause ließ – im Park spazierengegangen. Sie hatte das Schreien einfach nicht mehr ausgehalten. Schließlich brachte sie ihre Tochter ins Krankenhaus zur stationären Beobachtung. Doch auch dort fand man keine Ursache für die Unruhe des Mädchens. Die Mutter blieb beunruhigt, zumal Susanne von Anfang an die Flasche verweigert hatte und sie nur mit dem Löffel gefüttert werden konnte. Die mangelhafte orale Triebbefriedigung zeigte sich auch in dem Symptom des Daumenlutschens, das Susanne bis zum zweiten Lebensjahr intensiv beibehielt. Die Nahrungsaufnahme des Kindes erhielt auf diese Weise in der Familie schon früh eine überwertige Bedeutung. Susanne beschrieb diese Wichtigkeit, der das Essen eingeräumt wurde: „Ich darf nicht essen, ich muß ja essen.“

Die damit für Susanne verbundene Überforderung beschränkte sich jedoch nicht auf die Mahlzeiten. Unbewußt erwartete die – im Grunde sehr bemühte Mutter – von ihrer Tochter auch an anderen Stellen „gute Leistungen“. So wußte z. B. die Mutter immer am besten, welche Kleidung ihrer Tochter gut steht. Mit den Worten „Du ziehst das an!“ habe sie ihr häufig auch an dieser Stelle den eigenen „Geschmack“ aufgedrängt. Diese Leistungserwartung der Eltern hatte Susanne unbewußt teilweise bereits übernommen: Sie war eine gute Schülerin, wenngleich ihre Versagensängste sich regelmäßig vor Klassenarbeiten in unspezifischen Bauchschmerzen äußerten.

Diese Bedrängnis des Mädchens – auch das Pendeln in der Erziehungsweise zwischen Strenge und Nachgiebigkeit – führte dazu, daß Susanne sich irgendwo wieder einen Freiraum verschaffen mußte. „In ihrem Zimmer hat sie oft fürchterlich getobt. In dem Kind ging etwas vor, was ich nicht begreifen und verstehen konnte. Aus Angst vor diesem Vulkan habe ich sie dann noch mehr unterdrückt. Ich konnte schließlich gar nichts anderes mehr denken als – Susanne", berichtete die Mutter.

In der Verweigerung des Essens blieb Susanne schließlich der einzige Ausweg, sich den an sie gestellten Anforderungen zu entziehen. Auch der Kinderarzt konnte sie nicht dazu bewegen, mehr zu essen. „Ich könnte schon essen, aber ich will nicht", beantwortete Susanne seine Überredungsbemühungen.

Für die Mutter galt es als erstes, dieses „ich will nicht" annehmen zu können und ihre Tochter nicht mehr zum Essen zu drängen. Ihr auch nicht – wie bisher – bei Tisch schnell noch etwas mehr auf den Teller zu legen, als Susanne gewünscht hatte. Eine Besserung der Problematik ist überhaupt nur denkbar, wenn das Mädchen keine Angst zu haben braucht, „essen zu müssen".

Da jedoch gleichzeitig ein – wenn auch unterdrücktes – orales Triebbedürfnis besteht, sollten *diese* Kinder auch zwischen den Mahlzeiten essen dürfen, *wenn sie es möchten* (57). Auch das immer vorhandene Gefühl des Zu-kurz-Gekommenseins (Geschwisterrivalität) braucht eine Absättigung durch mehr Gemeinsamkeit zwischen Mutter und Tochter. Sinnvoll ist es – so die Erfahrung von Christa Meves (51, 51 a, 57) –, wenn die Mutter mit ihrem Kind extra Zeit in „umgrenzter, exclusiver Gemeinsamkeit" (57) verbringen kann. „Mit der Möglichkeit, gemeinsame Gespräche zu führen, gemeinsame Wanderungen zu machen, gemeinsame Handarbeiten anzufangen, usw." (57, S. 304). Das Kind „muß noch einmal vorgezogen werden, vielleicht sogar einige Jahre lang" (57, S. 305). Nur wenn das Bedrängen eingestellt werden kann, besteht überhaupt Hoffnung, daß sich die beginnende Essensproblematik nicht zur schweren Erkrankung der Pubertätsmagersucht ausweitet.

Auch bei weniger ernsten Eßproblemen wirkt sich auf den häuslichen Mittagstisch häufig belastend aus, daß starre Ernährungsvorstellungen zum Widerspruch geradezu herausfordern. „Ein Kind muß essen, was auf den Tisch kommt“, oder: „Der Teller wird leergegessen“, fixieren ein Kind nicht nur in unselbständiger Abhängigkeit, sondern mißachten die Sättigungsempfindungen des Kindes. Ebenso wie Erwachsene haben auch Kinder zu den einzelnen Mahlzeiten unterschiedlich viel Appetit. Mal essen sie mehr, mal weniger. Kanadische Wissenschaftler fanden heraus, daß Kleinkinder teilweise 10% bis 20% weniger aßen, als ihrer Altersnorm entsprochen hätte. Dennoch gediehen sie prächtig. Offenbar wußten die Kinder selber, wieviel Essen ihnen guttat.

Wenn jedoch zu häufig gedrängt wird, daß eine bestimmte Mindestmenge der Mahlzeit auf jeden Fall gegessen werden muß, entspinnt sich leicht ein Machtkampf ums Essen. Darüber hinaus wird die Chance, daß bei Tisch auch gegessen wird, gemindert, wenn zwischen den Mahlzeiten unkontrolliert Süßigkeiten und Naschereien verputzt werden. Wen wundert's, wenn die Kinder dann zu den Mahlzeiten bereits satt sind? Nur mit Pommes frites, Whimpys und Coca-Cola ist die Ernährung zudem auch zu einseitig.

Je gelassener jedoch in der Familie die Thematik des Essens betrachtet werden kann, umso weniger besteht Gefahr, daß Kinder fettsüchtig werden oder abmagern.

Niemals dürfen Kinder zum Essen gezwungen werden! Ebenso wenig darf man sie als Strafe hungern lassen. Die familiäre Gemeinsamkeit, der soziale Akt des Essens in der Familie sollte eine Zeit der Ruhe und Gemeinsamkeit für alle Familienmitglieder bleiben!

Zank und Streit während des Essens schlägt nicht nur auf den Magen und verdirbt den Appetit, sondern verdirbt auch die Freude am Essen. Auch zeitliche Bedrängnis und Hetze – besonders beim Frühstück am Morgen – lassen die notwendige Muße erst gar nicht aufkommen.

Die Gemeinsamkeit solte im Mittelpunkt stehen und nicht eine Abfertigung wie im Schnellimbiß. Ein Tischgespräch hilft dabei nicht nur von einer möglicherweise übertriebenen Hinwendung zum Essen abzulenken, sondern dient auch dem gemeinsamen Erfahrungsaustausch. Häufig sind die Mahlzeiten doch einige der wenigen Möglichkeiten überhaupt, bei denen sich alle Familienmitglieder zusammenfinden.

Wenn Sohn oder Tochter nun trotz entspannter Gemeinsamkeit bei Tisch keinen Appetit zeigen, sollte dies keinen Grund zum Streiten geben: „Wer nicht will, der hat schon!“ „Ich habe manchmal eine richtige Wut auf meinen Sohn“, berichtete eine Mutter; „dann koch' ich ihm schon sein Lieblingsessen, steh' in der Küche und gebe mir Mühe, und dann verlangt er doch nach etwas anderem.“ Es wäre allerdings sinnvoll zu vereinbaren, daß es dann selbstverständlich zwischen den Mahlzeiten bis zur nächsten üblichen Essenszeit nichts anderes gibt. Und auch „Selbstbedienungstendenzen“ am Kühlschrank oder in der Speisekammer sollten konsequenterweise in diesen Zeiten strikt unterbunden werden. Nur dann kann eine gemeinsame Mahlzeit zu festen Zeiten erreicht werden, wenn Schleckereien außerhalb dieser Zeit eingeschränkt werden.

Selbstverständlich aber ist es natürlich erlaubt, einen Anreiz für den Fall in Aussicht zu stellen, daß auch die eine oder andere – dem Kind noch unbekannte – Speise zumindest ein wenig probiert wird. Um den Geschmack jedoch nicht durch noch mehr Süßes zu verderben, braucht dieser Anreiz nicht immer nur eine zusätzliche Portion Eis oder Pudding zu sein. Auch ein Besuch im Schwimmbad oder eine andere gemeinsame Aktivität dürfte ebenso viel Zugkraft besitzen. Die durch zu süße Tees entstandenen enormen Kariesschäden bei Kindern (91 b, 100) sollten Mahnung genug sein, auch nach der Säuglingszeit Kinder nicht durch falsche Belohnungen mit vermeidbaren Zahnschäden letztlich zu bestrafen.

Es hat sich bewährt, die Einschränkung von „Zwischenmahlzeiten“ den Kindern zuvor anzukündigen. Sie wissen dann, was auf sie zukommt. Zwar wird vielleicht anfangs bei Tisch dennoch verkündet: „Ich hab' keinen Hunger“, aber wenn nicht gedrängt wird und nach der Mahlzeit der Tisch wieder abgeräumt wird, stellt sich irgendwann der Appetit schon ein. Und ohne daß ein Wort – geschweige denn ein verletzender Kommentar – darüber verloren werden muß, kann zu jeder Mahlzeit selbstverständlich nach Herzenslust zugelangt werden.

Kinder mit Übergewicht essen nicht nur zu den Mahlzeiten zu viel, sondern häufig auch zwischen den Mahlzeiten – nicht selten heimlich. Verschiedene Theorien der Ursachen des Übergewichts werden in der Wissenschaft diskutiert (25, 69, 75) – auch eine erbliche Komponente ist möglich –, doch sollte immer überlegt werden, ob die Eßsucht nicht auch eine Ersatzbefriedigung sein kann. Bei Kindern mit emotionalen Defiziten, Kindern, denen es an der notwendigen Zuwendung mangelt, kann kein Gefühl der emotionalen Sicherheit und keine positive Weltzuwendung entstehen. So können psychosomatische Reaktionen des Magens entstehen: „Ein symbolischer Hunger wie der nach Geborgenheit, Liebe oder Anerkennung kann bei bestimmten Personen den Magen so beeinflussen, als ob ein echtes Verlangen nach Nahrung gestillt werden sollte" (44, S. 58). Essen bedeutet dann mehr als eine körperliche Befriedigung. D. h. die Handlung des Essens geht über den „elementaren Funktionswert" (60) der Stillung körperlichen Hungers hinaus und wird zur Ersatzhandlung. „Weil Essen anderes bedeutet als den physiologischen Hunger zu stillen, geschieht auch anderes; es wird mehr gegessen als für den Energiehaushalt nötig ist" (60, S. 69). „Der Mangel an Geliebtwordensein löst ein tiefes Minderwertigkeitsgefühl aus, ein tiefes Mißtrauen in das Geliebtwerden-können, das man ja einmal erlebt haben muß, um daran glauben zu können" (70, S. 55).

Neben der therapeutischen Betreuung durch einen Diplom-Psychologen kann auch eine ernährungsmäßige Umstellung das therapeutische Vorgehen unterstützen. Vollkorngerichte z. B. sättigen ebenso vorzüglich, bergen jedoch weniger Probleme des Fettansatzes. Auch kalorienarme Rohkost befriedigt den Nahrungstrieb, ohne dick zu machen. Eine Vielzahl von entsprechenden Back- und Kochbüchern wird inzwischen angeboten.

Der viel zitierte – aber gerade für Kinder nur begrenzt praktikable – Rat „iß die Hälfte“ beraubt übergewichtigen Kindern oft die einzig verbleibende Möglichkeit, im Essen Zufriedenheit und Entspannung zu finden. Ohne therapeutische Begleitung führt eine strikte Handhabung dieses Rates – zumal gegen den Willen des Kindes – zu nur noch größeren Problemen.

Sinnvoll ist es jedoch, bei übergewichtigen Kindern die Nahrungsmenge auf mehrere kleine Mahlzeiten zu verteilen, so daß ein Gefühl des Heißhungers – infolge dessen dann besonders viel und hastig hinuntergeschlungen wird – erst gar nicht auftreten kann. Bereitet man dann die eine oder andere Mahlzeit auch noch gemeinsam zu, lernt das Kind auch ein wenig abwarten und erfährt Befriedigung bereits im gemeinsamen Tun. Im Vollkornkochbuch für Kinder (73) finden sich vielerlei Anregungen für schmackhafte, aber kalorienreduzierte Mahlzeiten.

Auch bei dieser Störung wird von den Eltern – insbesondere der Mutter – ein langer Atem gefordert. Aber nur mit geduldiger Ausdauer wird das Essen wieder allmählich einen entspannt-beiläufigen Charakter erhalten, ohne sich zu einem chronischen Problem auszuweiten.

Die Väter sind ein Problem

Allein die Überschrift wird manchen modernen Vater entrüsten, der tatkräftig sein Kind gewickelt und gepflegt hat, sich noch immer regelmäßig die Zeit zum gemeinsamen Spiel nimmt und sich teilweise sogar mehr als „Mutter“ fühlt als seine eigene Frau. So schön es ist, daß immer mehr Väter allmählich auch ihr Kind „entdecken“ und sich bewußt dieser Aufgabe stellen, so sind diese Väter doch leider immer noch eine verschwindende Minderheit.

Der Alltag stellt sich anders dar: Aus der Sichtweise der Kinder imponieren die meisten Väter allenfalls als „Ferien- oder Wochenendväter“, die sich in der übrigen Zeit allzu oft hinter ihren beruflichen Verpflichtungen oder der daraus resultierenden Abgespanntheit verschanzen. Entweder sind sie nicht da, oder sie sind auch zu Hause nicht ansprechbar; weil sie sich ausruhen müssen, Zeitung lesen, fernsehen oder sich noch Arbeit aus dem Büro oder Geschäft mit nach Hause genommen haben. Vor allem sind sie aber um eine Rechtfertigung ihres Verhaltens nie verlegen.

Wer wollte ihnen auch ernstlich die Ruhe mißgönnen, nachdem sie sich den ganzen Tag im Beruf geplagt haben, um für die Familie das notwendige Kleingeld heranzuschaffen? Wer wollte die Wichtigkeit der noch dringend zu Hause am Abend zu erledigenden Schreibarbeit in Frage stellen? Und es stimmt ja auch, daß Pflichtbewußtsein und beruflicher Erfolg der Familie zugute kommen, durch eine gesichertere – auch notwendige – materielle Grundlage der Familie. Doch wo ist die Grenze der beruflichen Verpflichtung, wo beginnen Familie und Erwerbstätigkeit einen Kollisionskurs zu steuern?

Gerade in wirtschaftlichen Krisenzeiten ist berufliches Engagement mehr als zuvor erforderlich, um die notwendige finanzielle Absicherung der Familie auch erhalten zu können. Die Angst um die Erhaltung des Arbeitsplatzes kann sehr real begründet sein. Doch mischen sich mit unbestreitbaren Notwendigkeiten manchmal auch andere Motivationen, die die Prioritäten im väterlichen Handeln beeinflussen. Ist vielleicht der Anreiz, durch mehr Arbeit auch mehr zu verdienen, gelegentlich doch ein sehr starkes Zugpferd, die verfügbaren Kräfte zu einseitig für den Mammon statt für immaterielle Werte des familiären Glücks einzusetzen? Lohnt sich der berufliche Mehreinsatz – der ja auch mehr Abgespanntheit, Gereiztheit und ein verstärktes Erholungsbedürfnis nach sich zieht – so sehr, dafür den Kindern, der Familie Zeit zu entziehen und für diese kaum noch ansprechbar zu sein? Väter sollten nicht erst mit einem Herzinfarkt im Sanatorium liegen oder anderweitig erkranken müssen, ehe sie – durch diese Krise gewarnt – eine neue Lebenseinstellung gewinnen*. Wird hier nicht auf dem Altar des Erfolges vielleicht auch ein Stück inneren Friedens und familiärer Harmonie geopfert?

Wie oft berichten Mütter und Ehefrauen in der Sprechstunde, daß sie sich in der Erziehung von ihren Ehemännern weitgehend alleingelassen fühlen. Daß sie es aber auch inzwischen schon aufgegeben hätten, ihren Mann mit persönlichen Fragen und Anliegen zu „belästigen". „Mein Mann ist ein stummer Fisch", „Mit meinem Mann kann ich einfach nicht mehr reden", ist der stereotyp immer wieder vorgebrachte Stoßseufzer, mit der schnell hinzugefügten Ergänzung: „Aber bitte, sagen Sie meinem Mann davon nichts." „Das ist die Klage unzähliger Ehefrauen. Erst heiraten sie, um nicht allein sein zu müssen, und dann möchten sie sich aus demselben Grunde wieder scheiden lassen" (96). 59,4% aller Scheidungen wurden 1981 von Frauen eingereicht (5).

Und wenn man die Kinder fragt, wann denn der Vater zuletzt mit ihnen gespielt oder gebastelt habe, so müssen einige

* Hilfreiche Orientierung hierzu findet sich in der Geschichte einer Genesung: „Ich will mich ändern" (52).

von ihnen schon sehr lange überlegen, ehe ihnen einfällt: „Vor vier Wochen waren wir im Zoo“, oder „In den Ferien sind wir zum Schwimmen gegangen.“ Einige wagen gar nicht mehr, ihren Vater diesbezüglich anzusprechen, weil sie schon zu oft von ihm überreizt abgewiesen oder immer wieder aufs neue vertröstet wurden. Andere Kinder haben schließlich die Hoffnung aufgegeben: „Der hat sowieso nie Zeit, jedenfalls nicht für uns.“

Haben diese Väter denn gar keine Freizeit? Einige sind offenbar von so viel innerer Unruhe und Sorge getrieben, daß man dies tatsächlich beinahe verneinen muß. Andere haben auch ihre Freizeit so sehr verplant, daß wiederum die Familie auf der Strecke bleibt. Da werden strapaziöse Radtouren unternommen, wird sich zum Klettern im Gebirge verabredet, mit Freunden zum Kegeln gegangen und natürlich – zum Fußballplatz. „Etwas eigene Freizeit wird man ja wohl noch haben dürfen“, wird den um Verständnis für die Kinder werbenden Ehefrauen dann entgegengehalten. „Man kann ja schließlich nicht nur arbeiten.“

Was für ein Bild werden wohl die Kinder von ihren Vätern mit ins Leben nehmen? Wird es der ihren Vätern verbliebenen Erinnerung ähnlich sein, daß auch deren eigene Väter eigentlich nie so recht mit ihnen gespielt und Zeit für sie hatten? Damals galt es ja vielfach noch als „unmännlich“, wenn sich Väter allzuviel mit „kindischen“ Dingen beschäftigten oder gar den Kinderwagen schoben. Erschwerte diese Art Vorbild vielleicht eine kindbezogenere, eine auch durch das Gefühl geleitete Einstellung zum eigenen Kind?

Leidet möglicherweise das Gefühl der Männer auch unter ihrer im Beruf ständig zu sehr sachbezogenen Anspannung; einem Berufsleben, in dem Gefühle in der Regel keinen Pfifferling wert sind, sondern ausschließlich das materiell Erreichte, der vorweisbare Erfolg zählt? Brauchten aber nicht gerade dann die heutigen Väter erst recht den „emotionalen Ausgleich“ der Familie, um ihr Gefühlsleben nicht vollends verkümmern zu lassen? Ist die als lebenslängliche Gemeinschaft gedachte Familie zu sehr zur Einbahnstraße und abgehakten Selbstverständlichkeit geworden, daß man meint, in dieses Unternehmen weder Zeit noch Energie weiter investieren zu müssen?

Familie ist aber keine tote Materie, kein vorzeigbares Anlageobjekt, das – einmal in Gang gesetzt – ohne weiteres Dazutun eine jährlich erhöhte Ausschüttung an familiärem Glück garantiert. Liebe und familiäre Zuneigung können auch austrocknen, gefrieren und zu Eis erstarren. Dann haben Ehepaare sich schließlich nichts mehr zu sagen, werden Ehefrauen und Kinder wie Sekretärinnen und Angestellte behandelt, familiäre Pflichten nach dem Terminkalender gemanagt. Hängt aber diese allgemein in vielen Lebensbereichen zu beklagende Versachlichung nicht doch damit zusammen, daß Persönliches, Familie und Gemeinsamkeit zu wenig gepflegt werden? Hatten die Väter vielleicht früher selbst keine Möglichkeit, den Umgang mit eigenen Gefühlen und denen anderer zu lernen?

Wenn das so ist, werden dann die Kinder von heute den erfahrenen Mangel an Gefühlen und Zuwendung nicht wiederum an ihre eigenen Kindern weitergeben? Töten wir damit nicht letztlich den Lebensnerv von Familie und gegenseitigem Verstehenkönnen überhaupt, wenn wir das Gefühl in uns so wenig zu Wort kommen lassen, es so gering achten, daß wir ihm keine Zeit einräumen, sich überhaupt entfalten zu können?

Bernds Vater kam zwar regelmäßig abends gegen 18 Uhr nach Hause, doch der Abend war durch Renovierungen am Haus immer voll ausgefüllt, und um 22 Uhr abends werkelte er immer noch an der lädierten Wasserleitung herum, nachdem die Familie schon zu Bett gegangen war. Einige Väter sind tatsächlich so knauserig, daß sie sich eher das teuerste Werkzeug und Maschinen anschaffen, als für den gleichen Preis den Auftrag an einen Handwerker zu vergeben. Häuser werden halbfertig bezogen, und für Monate kann jegliches Familienleben vergessen werden, weil hier noch etwas gestrichen, dort tapeziert und im Bad auch noch die Fliesen gelegt werden müssen.

Ist uns denn eine harmonische seelische Entwicklung unserer Kinder kein Opfer wert? Müssen denn Väter erst für die Spielstunden mit ihren Kindern bezahlt werden, ehe sie das für beide Notwendige bejahen können? Wie schnell sind doch die

Kinder erwachsen und aus dem Haus, und dann läßt sich Versäumtes nie mehr nachholen!

Mädchen wie Jungen brauchen ihre Väter in jedem Alter! Und mit einigem guten Willen und etwas geschickter Organisation läßt sich immer noch jeden Tag etwas Zeit für die Kinder erübrigen. Wenigstens doch um eine Gutenachtgeschichte vorzulesen. Oder muß man sich erst durch die Schlußfolgerungen der Kinder betroffen machen lassen? „Mein Vati kann doch gar nicht lesen; der hat mir noch kein einziges Mal vorgelesen." Vielleicht läßt sich statt des familientötenden Fernsehens vor oder auch nach dem Abendbrot ein spannendes Gesellschaftsspiel fest im Tagesablauf verankern? Zusammen mit der Ehefrau läßt sich sicher eine praktikable Lösung finden!

Vatersein heißt aber nicht nur, Hausaufgaben nachzusehen, vorzulesen und mit dem Kind zusammen die Eisenbahn aufzubauen. Sondern auch die Mütter brauchen einen ansprechbaren Vater. Nicht nur um kleine oder große Erziehungsprobleme besprechen zu können, sondern auch um eine ganz konkrete Rückmeldung ihrer eigenen täglichen Bemühung um die Kinder und um die Familie zu erfahren. Wie kraftlos und erschöpft sind viele Mütter leider nicht nur infolge des täglich zu bewältigenden Arbeitspensums, sondern auch, weil sie nie – oder jedenfalls viel zu selten – auch einmal ein „Dankeschön" für ihre tägliche Mühewaltung erfahren. Merkwürdigerweise empfinden Väter die Familien- und Hausarbeit ihrer Frau sehr oft als selbstverständlich, während ihrer eigenen Tätigkeit immer das Flair von etwas Besonderem anhaftet. Dabei wären Ehefrauen sicher weniger erschöpft und hätten mehr Kraft, wenn ihr Tun – nicht nur etwas – mehr Anerkennung erfahren würde.

Allzu leicht entziehen sich Väter ihrer Mitverantwortung für die Erziehung der Kinder, insbesondere wenn Schwierigkeiten in diesem Bereich auftauchen und eine Lösung und ein Mittragen auch vom Vater gefordert würde. Allzu leicht gibt es dann plötzlich im Beruf sehr viel zu tun, werden Überstunden gemacht oder auch abends zu Hause noch Akten gewälzt. Weder der Mutter noch dem Kind (noch der Ehe) ist jedoch damit gedient. Vielmehr besteht die Gefahr, daß der die Last der Erziehung allein tragende Elternteil – weil er beim Ehepartner auf kein Verständnis und keine Unterstützung stieß – letztlich so kraftlos und überfordert wird, daß schließlich das Kind ungerecht behandelt, angeschrien und geschlagen wird, weil diese Mutter in ihrer Verzweiflung kaum noch anders reagieren konnte. Sehr leicht kann man sich dann abends über dieses unkontrollierte Verhalten entrüsten und den Müttern damit noch die letzte Puste rauben. Es ist aber etwas völlig anderes, sich den ganzen Tag über mit – möglicherweise schwierigen – Kindern zu beschäftigen, hinter den Hausarbeiten zu sitzen, Streitigkeiten zu schlichten usw., als am Abend höchstens zwei bis drei Stunden „die Familie ertragen zu müssen“. Insofern haben es letztlich auch die nichtanwesenden Väter mit zu verantworten, wenn die Entwicklung des Kindes „den Bach hinunter geht“.

Schon allein die Bereitschaft, zuzuhören (und nicht dabei immer gleichzeitig Zeitung zu lesen) und etwas mehr Verständnis zu zeigen, könnte so hilfreich sein:

Lebendige Familie braucht das Gespräch, gegenseitiges Zuhören und Verstehenwollen, um im Miteinander wachsen und reifen zu können. Und gerade den vielbeschäftigten Vätern könnte das wiederentdeckte Gespräch mit ihren Ehefrauen das Verständnis nicht nur für die Belange ihrer Kinder erleichtern helfen.

Eltern sind die beste Medizin

Daß Eltern bei körperlichen Erkrankungen ihres Kindes durch eine Mitaufnahme von Mutter oder Vater ins Krankenhaus oder andernfalls durch regelmäßige, tägliche Besuche die Genesung ihres Kindes unterstützen können, ist inzwischen den meisten bekannt. In dem Kapitel „Besuch mich bitte jeden Tag“ des Buches „Entscheidend sind die ersten Lebensjahre“ (80) ist dieser Sachverhalt ausführlich dargestellt. Weniger bekannt ist jedoch, daß auch bei seelischen Erkrankungen Eltern in Zusammenarbeit mit dem Therapeuten – als Kotherapeuten – ihrem Kind helfen können.

Stefanies Mutter kam unangemeldet in die Sprechstunde und wollte wissen, „ob das mit der Krippe wirklich so schlimm für die Kinder sei“. Sie hatte ihre Tochter seit kurzem dort unterbringen müssen, und sie war nun beunruhigt, weil Stefanie plötzlich anfing, mit dem Kopf auf den Boden und gegen die Wand zu schlagen, beim Einkaufen mit fremden Leuten mitzugehen und auch nachts im Schlaf aufzuschreien. Ich besprach mit der Mutter die Situation ihrer Tochter, erklärte ihr, wie sehr sich Krippen negativ auf die Entwicklung von Kindern auswirken können und was sie in dieser Situation für ihre Tochter tun könnte. Vor allem aber riet ich ihr, sie möglichst umgehend aus der Krippe herauszunehmen. Obwohl ich Stefanie nie gesehen hatte, rief die Mutter, die sich die Ratschläge zu Herzen genommen hatte, nach einigen Wochen freudig an und teilte mit, daß die Auffälligkeiten im Verhalten von Stefanie bereits nachgelassen hätten.

Diese Episode soll darstellen, daß allein durch Beratung einem Kind mitunter schon entscheidend geholfen werden kann. Selbstverständlich ist ein Erfolg nicht immer so schnell zu erreichen. Das hängt ganz entscheidend von der Art der Störung des Kindes ab, von seinem Alter, der früheren Vorgeschichte, den jetzigen Lebensumständen usw.

Wichtig vor allem ist, daß Eltern bei Problemen mit ihren Kindern so früh wie möglich die Hilfe eines Therapeuten aufsuchen, damit seelische Erkrankungen nicht verschleppt und dadurch schlimmer werden!

Leider werden Eltern gelegentlich immer noch – auch von um Rat gefragten Kinderärzten und anderen Fachleuten – allzu lange mit der Hoffnung vertröstet, daß sich „die Sache schon irgendwie wieder zurechtwachsen" und mit zunehmendem Alter dann ohne weiteres Dazutun verschwinden werde. Ganz gleich, ob das Kind ins Bett macht, stottert oder an den Nägeln kaut, immer meint man, allein durch Abwarten und Nichtstun könne eine Heilung erwartet werden. Nur wenn es in der Schule schwierig wird, besonders um die Zeiten der Zeugnisausgabe, herrscht zweimal im Jahr Hochkonjunktur in den Beratungsstellen. Ganz schnell sollen dann noch schlechte Zeugnisse oder eine drohende Nichtversetzung verhindert werden.

So schnell wie erwünscht lassen sich die Probleme meistens dann jedoch nicht mehr lösen. Es ist während dieser „Stoßzeiten" oft nicht nur schwierig, überhaupt einen baldigen Beratungstermin zu erhalten – man wird auf die Warteliste gesetzt –, sondern chronifizierte Probleme erfordern auch eine längere Behandlung. Bis zur bevorstehenden Zeugnisvergabe läßt sich dann kaum noch etwas erreichen. Wenn das Kind älter ist, braucht man auch mehr Zeit, allein schon für eine genaue Untersuchung der möglichen Ursachen. Auch lassen sich seelische Probleme nicht einfach „wegoperieren", und eine „Pille gegen Schulschwierigkeiten" und andere Sorgen gibt es schon gar nicht. Daher sollte man nicht erst versuchen, mit ungeeigneten „Hausmitteln" – meist zusätzlichem Druck – die Schwierigkeiten allein bewältigen zu wollen. Nicht selten wird dadurch alles nur noch schlimmer. Die Seele und die Psychologie des Menschen sind eine komplizierte Materie. So wie es z. B. gefährlich sein kann, ohne den Kinderarzt zu fragen, seinem

Kind bei unklaren Erkrankungen auf Verdacht irgendwelche Medikamente zu verabreichen, so können auch therapeutisch falsche Vorgehensweisen das Kind noch mehr verunsichern und mögliche Selbstheilungstendenzen behindern.

Es ist ein die rechtzeitige Behandlung hemmendes Vorurteil, daß der Gang zum Psychotherapeuten etwas Ehrenrühriges sei. Es ist überhaupt keine Schande, seelische Probleme zu haben! Jeder Mensch hat in seinem Leben Krisen, die er nicht in allen Fällen allein bewältigen kann. Wenn man selbst oder das eigene Kind an dieser Stelle Hilfe benötigt, braucht man sich deswegen nicht im mindesten als „Versager" zu fühlen!

Eltern können sogar ihrem Kind außerordentlich wirksam helfen und „die beste Medizin" sein. Was im einzelnen zu tun ist, muß jedoch mit einem Therapeuten abgesprochen und von diesem weiterhin im Auge behalten werden. Es können ja auch Probleme in der Beziehung zwischen Eltern und Kind der Anlaß sein, worauf Sohn oder Tochter mit Verhaltensstörungen oder Schulschwierigkeiten reagieren, und den Eltern fehlt dann der notwendige Abstand, um allein den richtigen Weg zu finden.

Wird jedoch rechtzeitig ein Therapeut aufgesucht, können die Eltern ihrem Kind oft sehr sinnvoll - unter Anleitung des Therapeuten - als Kotherapeuten helfen. Dies bedeutet, daß dann therapeutisch wirksame Maßnahmen nicht nur in der Therapiestunde beim Fachmann durchgeführt werden, sondern die eine oder andere Vorgehensweise auch von den Eltern zu Hause vorgenommen werden kann. Der Vorteil liegt auf der Hand: Die erforderlichen Maßnahmen können täglich und in der gewohnten Umgebung zu Hause stattfinden und nicht nur einmal in der Woche beim behandelnden Therapeuten. Auf diese Weise - sofern die Eltern mitarbeiten - kann dem Kind schneller und wirkungsvoller geholfen werden.

Der achtjährige Bernhard hatte seit längerem Einschlafstörungen, welche auf ein schreckhaftes Erlebnis ein Jahr zuvor zurückgingen. Während an diesem immer noch ihn belastenden Erlebnis zusammen mit Bernhard in der Therapiestunde gearbeitet wurde, hatte der Vater es übernommen, parallel dazu sich abends an das Bett seines Sohnes zu setzen, ihn zu beruhigen und ihm Geborgenheit zu vermitteln, damit er ruhig einschlafen konnte. Bis zu einer Stunde saß sein Vater jeden Abend auf der Bettkante, las noch etwas vor, erzählte vom Tage und saß dann einfach da, bis Bernhard eingeschlafen war. Anfangs schlief der Junge nur ein, wenn er die Hand seines Vaters festhalten konnte, später war ihm allein die Anwesenheit des Vaters Sicherheit genug. Über Wochen war aber noch die zuverlässige Anwesenheit des Vaters an jedem Abend notwendig, ehe Bernhard dann allmählich schon eher einschlief. Es dauerte lange, bis er nur noch eine kurze Gutenachtgeschichte wünschte und dann beruhigt einschlief.

Diesen beständigen, beruhigenden Zuspruch hätte kein Therapeut Bernhard tagtäglich am Abend geben können. Es sei denn, man hätte das Kind stationär zur Behandlung aufgenommen. Und ohne diese zuverlässige Mitarbeit des Vaters hätte die Heilung sicher mindestens doppelt so lange gedauert.

Diese therapeutische Zusammenarbeit war aber nur möglich, weil beide Eltern ihren Sohn nicht nur zur Behandlung beim Therapeuten „abgegeben" hatten, sondern zur Mitarbeit bereit gewesen waren. Bereitwillig hatte der Vater auf die Abendnachrichten im Fernsehen verzichtet, hatten die Eltern Einladungen während dieser Zeit dankend abgesagt. Sie hatten begriffen, wie sehr Bernhard sie gerade jetzt und regelmäßig brauchte. Sie waren bereit gewesen, auf liebgewonnene Gewohnheiten zu verzichten, hatten aus Liebe zu ihrem Sohn das Opfer gebracht, eigene Wünsche hintanzustellen. Mit ihrem Buchtitel „Was unsere Liebe vermag" (54) hat Christa Meves diese heilende Opferbereitschaft treffend beschrieben.

Eltern haben unendlich viele Möglichkeiten, ihrem Kind zu helfen – wenn sie dazu bereit sind, und wenn sie es wollen. Manchmal sind sie jedoch auch selber in momentane Schwierigkeiten verstrickt, so daß sie nicht immer diese Hilfsfunktion des Kotherapeuten übernehmen können – auch wenn sie es wollten. Man muß auch die innere Kraft haben und sich die Zeit nehmen können, um für sein Kind dazusein. Und in manchen Fällen kann es sogar auch richtiger sein, wenn ein wenig Distanz dem Kind den notwendigen Freiraum verschafft.

Alle Eltern können jedoch versuchen, sich einfach noch ein

wenig mehr in die Situation ihres Kindes einzufühlen, nachzuempfinden, warum es wohl diese oder jene Schwierigkeiten hat, einfach noch ein wenig genauer hinzuschauen. Vor allem aber versuchen Sie, Ihr Kind anzunehmen, so wie es ist, und – zeigen Sie Verständnis!

Ein Bettnässen und schlechte Noten verschwinden nicht durch nörgelnde Ungeduld und zusätzlichen Tadel, sondern gezeigtes Verständnis für die leidige Situation des Kindes ist der erste Schritt zur Besserung! Setzen Sie voraus, daß kein Kind seine Eltern durch seine Probleme ärgern will, sondern daß es selbst darüber unglücklich ist. Auch wenn es dies manchmal zu verbergen oder zu überspielen sucht! Versuchen Sie zu verstehen, auch wenn es schwerfällt! Das notwendige Hintergrundwissen zum Verständnis wird Ihnen der Therapeut geben. „Freunde in der Not gehen zwölf auf ein Lot", lautet ein altes Sprichwort. Sollten nicht wenigstens die Eltern auch in der seelischen Not unerschütterlich und verständnisvoll zu ihrem Kind halten?

Theodor bekam von seiner Mutter bei jeder schlechten Note in der Schule eine Mark. Nicht als Belohnung, sondern als Trost! Antje bekam von ihrem Vater aus dem gleichen Grund eine Tafel Schokolade. Die Angst ist unberechtigt, daß die Kinder nun nur noch Fünfen und Sechsen mit nach Hause bringen würden, um dafür „belohnt" zu werden. Im Gegenteil: Der Trost schafft die Atmosphäre der Entspannung und Zuversicht, aus der heraus eine Besserung allein möglich wird. Kinder leiden schon genug unter ihren Schwierigkeiten. Man darf sie dafür nicht noch zusätzlich bestrafen.

Verhaltensstörungen, Schulschwierigkeiten und andere seelische Nöte sind keine „Familienschande", die man verbergen muß, um sich nicht dem Flair der Erziehungsunfähigkeit auszusetzen. Niemand ist fehlerfrei und macht immer nur alles richtig. Allein diese Annahme wäre ein törichter Irrglaube.

Fehlentwicklungen können auch wieder ins Lot gebracht werden. Nur dann allerdings, wenn man sich entschließt, angebotene Hilfe rechtzeitig in Anspruch zu nehmen. Es ist nie zu früh!

Anschriften

1) Bundesverband Legasthenie
Gneisenaustr. 2, 3000 Hannover 1

2) Bundesverband der Pflege- und Adoptiveltern e. V.
Vogelrohrsheide 60, 4400 Münster

In Österreich:
Verein Initiative Pflegefamilien
Rodlergasse 15, A-1190 Wien

3) Bundesvereinigung Stotterer-Selbsthilfe e. V.
Postfach 110222, 5650 Solingen 11

4) Collegium Martinum
Deutsche Familien- und Jugendstiftung e. V.
Zenettistr. 45, 8000 München 2

5) Deutsche Liga für das Kind
Fährstraße 17a, 5452 Weißenthurm

6) Gapola Spiele
Alte Rheinstraße 18, 7630 Lahr/Schwarzwald

Literatur

1 *Adler, A.:* Das sexuelle Problem in der Erziehung. 1905. Zeitschrift für Individualpsychologie *II,* 2–6 (1977).

1a *Affemann, R.:* Sexualität im Leben junger Menschen. Verlag Herder, Freiburg 1978.

2 *Berger, U.:* Über neurotische Verwahrlosung von Jugendlichen. Kinderarzt *11,* 1569–1574 (1980).

3 *Bornemann, E.:* Club 2 des Österreichischen Fernsehens über Kinder-Sexualität. 23. 4. 1981.

4 *Brezinka, W.:* Erziehung und Kulturrevolution. Die Pädagogik der neuen Linken. Ernst Reinhard Verlag, München 1976.

5 *Bundesinstitut für Bevölkerungsforschung:* BiB-Mitteilungen *4*:1, 3 (1983).

6 *Bundeskriminalamt:* Polizeiliche Kriminalstatistik. Zeitreihen. o. J.

7 *Bundeskriminalamt:* Polizeiliche Kriminalstatistik 1982. Wiesbaden 1983.

8 *Bundesminister für Jugend, Familie und Gesundheit:* Dokumentation vom 9. Juli 1981.

9 *Clausen, C. (Hrsg.):* Einschulung und Erstunterricht. Praktische Vorschläge für einen besseren Übergang ins Schulleben. Verlag Herder, Freiburg 1977.

10 *Conrad, K. G.* (Hrsg.): Eine Gesellschaft verdirbt ihre Kinder. Verlag für Medizin Dr. Ewald Fischer, Heidelberg 1982.

11 *Czermak, H.:* Die erste Kindheit. Österreichischer Bundesverlag/Klett Verlag, Wien/Stuttgart 1982.

12 *Der Berliner Senator für Familie, Jugend und Sport* (Hrsg.): Babies, Brei und Bunte Knete. Berlin 1980.

12a *Ell, E.:* Besuch vom eigenen Kind. Kreuz Verlag, Stuttgart/Berlin 1980.

13 *Engstfeld, P. A., Gutjahr-Löser, P.* (Hrsg.): Kinder und Medien. Günter Olzog Verlag, München 1980.

14 *Feldmann, H.:* Zu den Entstehungsbedingungen der Anorexia nervosa. Praxis der Psychotherapie *22,* 271–277 (1977).

15 *Fernau-Horn, H.:* Die Sprechneurosen. Hippokrates-Verlag, Stuttgart 1969.
16 *Franz-Reetz, M.; Franz, A.:* „... wir würden auch heute wieder unser Kind in die Krippe geben" 89–91 (o. J.).
17 *Freud, A.:* Wege und Irrwege in der Kinderentwicklung. Huber/ Klett, Stuttgart 1968.
18 *Freud, S.:* Sexualleben. Studienausgabe. Fischer 1972.
19 *Fries, H.:* Studies on Secondary Amenorrhea, Anorectic Behaviour, and Body-Image Perception: Importance for the Early Recognition of Anorexia Nervosa. In: Vigersky, R. A. (Hrsg.): Anorexia Nervosa. Raven Press, New York 1977.
20 *Fröschels, E.:* Symptomatologie des Stotterns. Mschr. Ohrenheilk. *68,* 814–832 (1934).
21 *Fuchs, A.:* Ist die Familie noch zu retten? Verlag Herder, Freiburg 1981.
22 *Görres, S.:* Leben mit einem behinderten Kind. Benziger Verlag, Zürich 1974.
23 *Goldschmidt, H., Schetelig, H., Schmidt, H.:* Ursachen und Behandlung der Enuresis. Verlag für angewandte Wissenschaften, München 1980.
24 *Goldstein, J., Freud, A., Solnit, A. J.:* Jenseits des Kindeswohls. Suhrkamp Verlag, Frankfurt 1974.
25 *Grüttner, R.; Eckert, I.* (Hrsg.): Adipositas im Kindesalter. Georg Thieme Verlag, Stuttgart 1974.
26 *Harbauer, H.:* Medikamentöse Therapie der Enuresis. In: *Goldschmidt, H., Schetelig, H., Schmidt, H.:* Ursachen und Behandlung der Enuresis. Verlag für angewandte Wissenschaften, München 1980.
27 *Hellbrügge, Th.:* Eine Schule ohne Angst. Unsere Jugend *27,* 290–299 (1976).
28 *Hellbrügge, Th.:* Unser Montessori-Modell. Kindler Verlag, München 1977.
28a *Hellbrügge, Th.* (Hrsg.): Die Entwicklung der kindlichen Sexualität. Verlag Urban & Schwarzenberg, München / Wien / Baltimore 1982.
29 *Hoffmann, H.:* Der Struwwelpeter. Frankfurter Originalausgabe. Loewes Verlag.
30 *Horn-Breul, E.:* Kullerköpfe, Krumpelmurkse und der Club der Purzelkinder. Lahn-Verlag, Limburg 1974.
30a *I Ging.* Text und Materialien. Eugen Diederichs Verlag, Köln 1973.
31 *Illies, J.:* Auf dem Wege. Briefe an Thomas. Verlag des Weißen Kreuzes. Vellmar – Kassel 1978.
32 *Initiative der Kinder wegen* (Hrsg.): Dokumentation der Fachtagung vom 24.–26. 10. 80 in Bremen zur Tagesbetreuung von Kindern unter 3 Jahren. Bremen 1981.

33 *Kemper, W.:* Bettnässer-Leiden, Enuresis. Reinhardt Verlag, München 1978.
34 *Kentler, H.:* Eltern lernen Sexualerziehung. Diss. Erlangen 1975.
35 *Küng, H.:* Existiert Gott? Deutscher Taschenbuch Verlag, München 1981.
36 *Kultusminister des Landes Nordrhein-Westfalen:* Modellversuch Vorklasse NW. Abschlußbericht. Greven Verlag, Köln 1978.
37 *Lang, E.:* Kind, Familie und Fernsehen. Herder Verlag, Freiburg o. J.
38 *Langenmayr, A.:* Familiäre Umweltfaktoren und neurotische Struktur. Vandenhoeck & Ruprecht, Göttingen 1975.
39 *Langenmayr, A.:* Personenverluste als Determinanten der Partnerwahl bei den Eltern verhaltensgestörter Kinder. Praxis Kinderpsychol. Kinderpsychiat. *24,* 81–84. 2. Aufl. 1975.
40 *Langenmayr, A.:* Die Berufstätigkeit von Müttern verhaltensgestörter Kinder. Vandenhoeck & Ruprecht, Göttingen 1976.
41 *Lechleitner, H.:* Vor uns die Videotie. Die Gefahren der neuen Medien. Süddeutsche Zeitung Nr. 47, 26./27. 2. 1983.
42 *Lempp, R.:* Die Ehescheidung und das Kind. Ein Ratgeber für Eltern. Kösel Verlag, München 1976.
43 *Linder, M.:* Lesestörungen bei normalbegabten Kindern. Zürich 1962.
44 *Luban-Plozza, B., Pöldinger, W.:* Der psychosomatisch Kranke in der Praxis. Lehmann Verlag, München 1973.
45 *Lück, I.:* Alarm um die Schule. Hänssler Verlag, Neuhausen – Stuttgart 1979.
45a *Mannschatz, E.:* Einführung in die sozialistische Familienerziehung. Volk und Wissen VEB, Berlin 1971.
46 *Meves, Ch.:* Ich will leben. Briefe an Martina. Verlag des Weißen Kreuzes, 10. Aufl., Vellmar – Kassel 1980.
47 *Meves, Ch.:* Chancen und Krisen der modernen Ehe. Verlag des Weißen Kreuzes. Vellmar – Kassel, 3. Aufl. 1980.
48 *Meves, Ch.:* Erziehung zur Reife und Verantwortung. Verlag des Weißen Kreuzes. Vellmar – Kassel, 2. Aufl. 1975.
49 *Meves, Ch.:* Ehe-Alphabet. Verlag Herder, Freiburg, 21. Aufl. 1980.
50 *Meves, Ch.:* Das große Fragezeichen. Verlag Weißes Kreuz, Kassel 1981.
51 *Meves, Ch.:* Pubertätsmagersucht. In: *Meves, Ch.:* Unser Leben muß anders werden. Verlag Herder, Freiburg, 8. Aufl. 1982.
51a *Meves, Ch.:* Maske Magersucht – Elend der Selbstverwerfung. In: Meves, Ch.: Der Mensch hinter seiner Maske. Verlag Weißes Kreuz. Vellmar – Kassel 1983.
52 *Meves, Ch.:* Ich will mich ändern. Geschichte einer Genesung. Verlag Herder, Freiburg, 2. Aufl. 1982.

Meves, Ch.: Unsere Kinder wachsen heran. Verlag Herder, Freiburg, 3. Aufl. 1983.
53 *Meves, Ch.:* Abgeschaffte Schuld? In: Meves, Ch.: Manipulierte Maßlosigkeit. Verlag Herder, 24. Aufl. 1982.
54 *Meves, Ch.:* Was unsere Liebe vermag. Verlag Herder, Freiburg 1982.
55 *Meves, Ch.:* Problemkinder brauchen Hilfe. Verlag Herder, Freiburg, 2. Aufl. 1983.
56 *Meves, Ch.; Illies, J.:* Dienstanweisungen für Oberteufel. Wieviel Verführung verträgt ein Volk? Verlag Herder, Freiburg, 4. Aufl. 1982.
57 *Meves, Ch.:* Was Lehrer über die Pubertätsmagersucht der Mädchen wissen müssen. Katholische Bildung *84*, 300–305 (1983).
58 *Meves, Ch.:* Großeltern-ABC. Verlag Herder, Freiburg 2. Aufl. 1983.
59 *Meves, U., Schetelig, H.:* Zur integrierten Erziehung sehschwacher und blinder Kinder. Kinderarzt *7*, 1467–1472 (1976).
60 *Mitscherlich, A.:* Krankheit als Konflikt. Studien zur psychosomatischen Medizin I. Suhrkamp Verlag, Frankfurt 1970.
61 *Montada, L. (Hrsg.):* Brennpunkte der Entwicklungspsychologie. Kohlhammer Verlag, Stuttgart 1979.
62 *Moore, R. S.; Moore, D. N.:* Besser später als zu früh. Schulreife ohne Überforderung. Moderne Verlagsgesellschaft, München 1976.
63 *Moore, R. S.; Moore, D. N.:* School can wait. Brigham Young University Press, Provo, Utah 1979.
64 *Müller, R.:* Rechtschreibung und Fehleranalyse. Schule und Psychologie *12*, 161 (1965).
65 *Naujokat, G.:* Brutalität im Wohnzimmer. Sexualethik und Seelsorge 2, 9–10 (1983).
66 *Pernhaupt, G., Czermak, H.:* Die gesunde Ohrfeige macht krank. Verlag Orac, Wien 1982.
67 *Posny, H.:* Hohe Schäden durch Eigentumsdelikte. Die Welt S. 11, 20. 2. 1982.
68 *Postman, N.:* Das Verschwinden der Kindheit. S. Fischer Verlag, 1983.
69 *Pudel, V.:* Zur Psychogenese der Adipositas. Springer-Verlag, Berlin 1978.
70 *Riemann, F.:* Grundformen der Angst. München – Basel 1972.
71 *Rost, D.:* Unserem Kind zuliebe. Geschlechtserziehung von Anfang an. Verlag Weißes Kreuz, Vellmar – Kassel 1983.
72 *Rotzoll, R.* (Hrsg.): Emanzipation und Ehe. Goldmann Verlag, München 1969.
73 *Rütting, B.:* Koch- und Spielbuch für Kinder. Lentz Verlag, München, 2. Aufl. 1983.

74 *Schaefer, H.:* Kind – Familie – Gesellschaft. Sitzungsberichte der Heidelberger Akademie der Wissenschaften, 1. Abhandlung, Springer Verlag, Berlin 1977.
75 *Schetelig, H.:* Zur Psychogenese der Adipositas im Kindesalter. Universität Kiel 1973.
76 *Schetelig, H.:* „Tagesmutter" – ein erfolgreiches Erziehungsmodell? Fortschr. Med. *95*, 437–440 (1977).
77 *Schetelig, H.:* Geschiedene Eltern – verwaiste Kinder. Kinderarzt *11*, 1695–1699 (1980).
78 *Schetelig, H.:* „Tagesmütter" ohne Nebenwirkungen? Sozialpädiatrie *2*, 375–377 (1980^2).
79 *Schetelig, H.:* Zur Frage der Fremdbetreuung von Säuglingen und Kleinkindern. Sozialpädiatrie *2*, 23–25 (1980^3).
80 *Schetelig, H.:* Entscheidend sind die ersten Lebensjahre. Verlag Herder, Freiburg, 2. Aufl. 1981.
81 *Schetelig, H.:* Frühkindliche Deprivation als Ursache einer sozialen Behinderung. Öff. Gesundh.-Wesen *43*, 436–440 (1981).
82 *Schetelig, H.:* Entwicklung zur Adipositas – frühkindliche Einflußfaktoren. Sozialpädiatrie in Praxis und Klinik *3*, 354–359 (1981^2).
83 *Schetelig, H., Hellbrügge, Th.:* Legasthenie. Fortschr. Med. *94*, 473–476 (1976).
84 *Schetelig, H., Marschall, E., Meves-Schetelig, U.:* Neue Tendenzen der Sexualerziehung in der Familie. In: Hellbrügge, Th. (Hrsg.): Die Entwicklung der kindlichen Sexualität. Urban & Schwarzenberg Verlag, München 1982.
85 *Schetelig, H. (Hrsg.):* Säuglingskrippe 1982. Unsere Jugend *34*, 547–554 (1982).
86 *Schilling, K. v.:* Verhalten bei der Geburt eines behinderten Kindes. Kinderarzt *6*, 835–839 (1975).
87 *Schindler, S., Zimprich, H.* (Hrsg.): Ökologie der Perinatalzeit. Hippokrates Verlag, Stuttgart 1983.
88 *Schmid-Tannwald, I., Urdze, A.:* Methodologische Aspekte der Adoleszentensexualität. Mitteilungen der Gesellschaft für praktische Sexualmedizin *2*:2, 12–13 (1982).
89 *Schoeck, H.:* Schülermanipulation. Verlag Herder, Freiburg 1976.
90 *Schubenz, S.:* Soll am Beginn des Rechtschreibe- (und Lese-)Unterrichts die Synthese oder die Analyse der Texteinheiten betont werden? Schule und Psychologie *13*, 39 (1966).
91 *Seelmann, K.:* Woher kommen die kleinen Buben und Mädchen? Ernst Reinhardt Verlag, München.
91a *Spitz, R. A.:* Vom Dialog, Klett Verlag, Stuttgart 1976.
91b *Sprockhoff, O.:* Eine neue Kinderkrankheit. Die Nuckelflasche. Deutsches Ärzteblatt *79*, 40 (1982).
91c *Statistisches Bundesamt:* Wiesbaden 1983.

91d *Stölzl-Gummppenberg, A.:* Das einfache Glück des Alltags. Verlag Herder, Freiburg 1983.

92 *Streithofen, H. B.:* Die Familie im Schulbuch. Institut für Gesellschaftswissenschaften, Walberberg 1980.

93 *Tamm, H.:* Lies mit uns, schreib mit uns. Klassenstufe 2/3. Beltz Verlag, Weinheim 1976.

94 *Tamm, H.:* Lies mit uns, schreib mit uns. Klassenstufe 3/4. Beltz Verlag, Weinheim 1976.

95 *Tamm, H.:* Lies mit uns, schreib mit uns. Klassenstufe 5/6. Beltz Verlag, Weinheim 1976.

96 *Trobisch, W.:* Der mißverstandene Mann. Editions Trobisch. Kehl/Rhein 1983.

97 *Unser Kind:* Sollen Babys überall dabei sein? Unser Kind 2, 14–16 (1983).

98 *Westrich, E.:* Der Stotterer. Verlag Dürrsche Buchhandlung, Bonn-Bad Godesberg. 3. Aufl. 1977.

99 *Weinreb, F.:* Vom Sinn des Erkrankens. Origo Verlag, Bern 1979.

100 *Wetzel, W. E.:* „Zuckertee-Karies". Eine neue Form der Milchzahnkaries bei Kleinkindern. Der Kinderarzt *12,* 1657–1659 (1981).

101 *Wiesnet, E.; Gareis, B.:* Schuld und Gewissen bei jugendlichen Rechtsbrechern. Patmos Verlag, Düsseldorf 1976.

101a *Winn, M.:* Die Droge im Wohnzimmer. Rowohlt Verlag, Reinbeck 1979.

102 *Yarrow, M. R.:* Changing in family functioning as intermediary effects of maternal employment. In: *Siegel, A.* (Hrsg.): Research Issues Related to the Effects of Maternal Employment on Children. Stanford 1961.

Horst Schetelig

Entscheidend sind die ersten Lebensjahre

Vorbeugende Erziehung zu seelischer Gesundheit

Band 768, 128 Seiten, 2. Aufl.

Einen Leitfaden über vorbeugende Erziehung zu seelischer Gesundheit hat Diplom-Pschologe H. Schetelig für Eltern zusammengestellt. In diesem kleinen Taschenbuch werden in kurzen Aufsätzen Erziehungsratschläge gegeben. Detailfragen werden einmal nicht nur isoliert auf das Kind bezogen dargestellt, sondern unter Einbeziehung der Familie und das in jedermann verständlicher Ausdrucksweise. Nach einer Buchschwemme zum Thema Erziehung in den ersten Lebensjahren ist dieser kurze Leitfaden eine praktisch brauchbare Unterweisung, Bedürfnisse und Wünsche des Kindes mit denen von Familie und Gesellschaft in Einklang zu bringen und dennoch eine Persönlichkeitsentwicklung zu fördern.
Das Büchlein ist für einen breiten Leserkreis sinnvoll.

Deutsche Hebammen-Zeitschrift

in der Herderbücherei

Christa Meves

Erziehen lernen
aus tiefenpsychologischer Sicht
Ein Kursbuch für Eltern und Erzieher
Band 1031, 256 Seiten

Das Großeltern-ABC
Was man wissen muß, um mit Kindern und Enkeln glücklich zu werden
Band 1919, 160 Seiten, 2. Aufl.

Erziehen und Erzählen
Über Kinder und Märchen
Band 976, 128 Seiten, 2. Aufl.

Problemkinder brauchen Hilfe
ABC der Verhaltensstörungen für Eltern
Band 951, 160 Seiten, 2. Aufl.

Freiheit will gelernt sein
Band 517, 160 Seiten, 10. Aufl.

Ehe-Alphabet
Band 485, 128 Seiten, 21. Aufl.

Zusammen mit Joachim Illies:
Lieben – was ist das?
Ein Grenzgespräch zwischen Biologie und Psychologie
Band 362, 128 Seiten, 16. Aufl.

Geliebte Gefährten
Tiere als Hausgenossen und Miterzieher
Band 845, 128 Seiten

in der Herderbücherei